五彩校园文化艺术活动丛书

校园主题类活动指导手册

朱垚 ◎编著

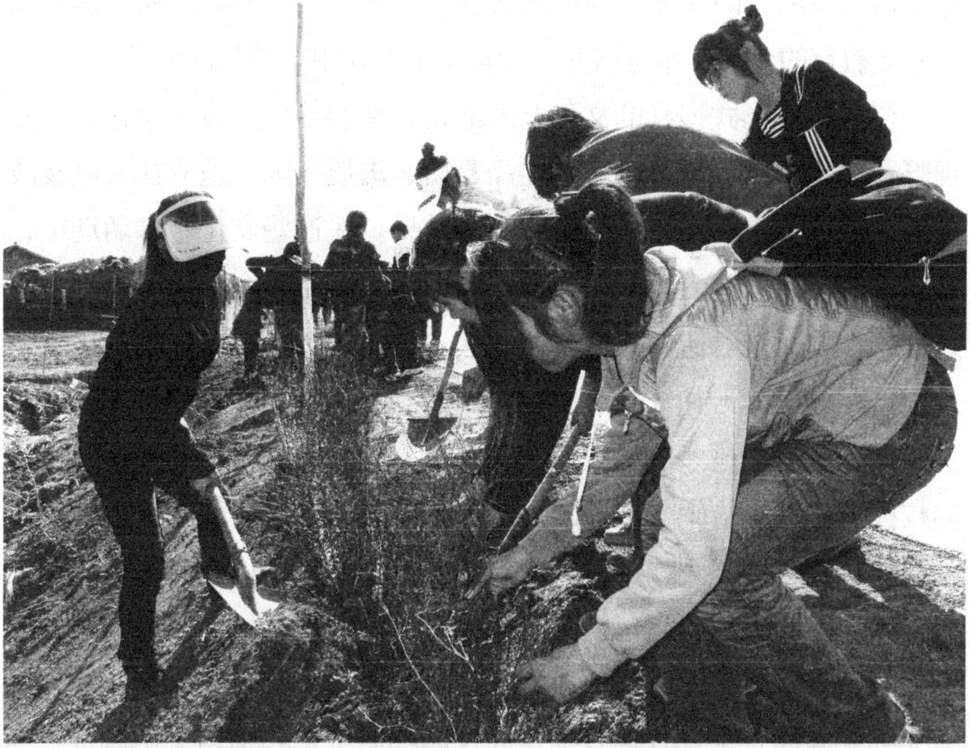

吉林出版集团股份有限公司
全国百佳图书出版单位

前言 PREFACE

在党和政府的要求下，长期以来，学校文化艺术活动作为学校教育教学工作的一个重要组成部分，不仅是广大青少年建立兴趣爱好和成材的重要途径，而且是学校德育工作发挥巨大作用的主要因素。营造丰富多彩的校园文化，为广大青少年开拓广阔的成材之路，这是加强素质教育的要求，也是培养青少年未来实现中国梦想的要求。

学校开展形式多样的文化艺术活动，能够使广大青少年达到开阔视野、陶冶情操、增长才智、提高素质、沟通人际、适应社会以及改善知识结构和掌握实用技能等方面的效果。在这些文化艺术活动中，广大青少年通过接受不同形式、不同内容的有益教育，能够起到潜移默化的作用，这对造就和培养有理想、有道德、有纪律、有文化、适应中国复兴和实现中国梦的新一代人才有着十分重要的作用。

因此，越来越多的学校对于开展丰富的文化艺术活动和营造浓郁的校园文化环境给予了越来越多的投入和努力，学校里的音乐队、合唱团、舞蹈队、书画社、兴趣小组等，简直琳琅满目。因此，校园文化艺术活动的组织策划与指导就显得十分重要了。这就需要坚持先进文化的正确方向，以育人为根本目标，努力发展符合实际需要、并为广大师生喜闻乐见，且具有实效的校园物质文化和精神文化体系，真正营造五彩校园的文化氛围。

为此，根据党和政府有关政策和部门的要求以及国内外最新校园文化艺术的发展方向，特别编撰了《五彩校园文化艺术活动》丛书，不仅包括校园文化艺术活动的组织管理、策划方案等指导性内容，还包括阅读、科普、歌咏、器乐、绘画、书法、美化、舞蹈、文学、口才、曲艺、戏剧、表演、游艺、游戏、智力、收藏、棋艺、牌技、旅游、健身等具体活动项目，还包括节庆、会展、行为、环保、场馆等不同情景的活动开展形式等，具有很强的系统性、娱乐性、指导性和实用性。

本套丛书适当配图，图文并茂，设计精美，格调高雅，不仅是广大学校用于开展丰富文化艺术活动的最佳指导读物，也是大中小学学校领导、教师，在校大中小学学生、研究生、博士生以及有关人员学习的最佳实用读物，还是各级图书馆珍藏的最佳版本。

目录 CONTENTS

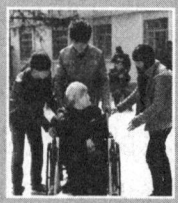

N01.校园人格心理教育主题活动指导

学生人格因素的形成和培养......002
小学生的个性培养指导............005
学生完善人格教育主题活动......008
学生阳光心理的主要内涵........017
学生阳光心理教育心理辅导......020
学生阳光心理教育主题活动......023

N02.校园爱国亲情教育主题活动指导

对孩子进行爱国教育的意义......036
对中学生进行爱国教育的方法..040
学生热爱祖国教育主题活动......043
学生热爱父母的教育指导........052
学生热爱父母的教育实践........054
学生热爱父母教育主题活动......056

N03. 校园社会情感教育主题活动指导

学生社会责任感教育指导..........070
学生认识社会教育指导............073
学生热爱社会教育主题活动......078
纪律行为的内涵和特点............089
学生遵守纪律的重要性............092
学生遵纪守法教育主题活动......095

N04. 校园知识科学教育主题活动指导

指导学生热爱学习的方法..........116
培养学生学习兴趣的措施..........119
学生热爱学习教育主题活动......123
培养学生科学意识的教育指导..138
培养学生科学精神的教育指导..141
学生热爱科学教育主题活动......143

N05. 校园勤劳环保教育主题活动指导

学生劳动观念的培养指导..........156
学生热爱劳动的品质培养..........159
学生热爱劳动教育主题活动......162
环境教育的内涵和模式............170
环境环保教育的主要特点..........172
学生热爱环境教育主题活动......174

NO1.校园人格心理教育主题活动指导

学生人格因素的形成和培养

中小学生处于可塑性最强的年龄阶段,是形成人格及基本素质的关键时期。一个人能否成才,首先取决于他是否具有足够的辨别客观事物真善美的能力,是否有良好的道德行为习惯及性格。学校教育,应首先是成人的教育,成人才能成才。

学生人格因素的形成

人的素质是个整体,而人格素质则是其根和主干,它决定着学生

素质的发展方向。教师应当分析影响人格形成与发展的各个因素。影响人格形成与发展的因素很多也很复杂，其中最主要的最不可忽视的应是社会影响、人际交往及课外生活的内容。

1.语言和身教相结合

身教重于言传，强调教师的示范作用，教师在讲清道理的同时更需要教师的模范作用，初中生已具有了一定的辨别能力，如果他们对教师的德行、品性、能力不再信任，说得再多也是白费。

2.情理相结合的教育

要让学生知晓做人的基本道理，让学生在思想上认同，再加以行为上的引导，使他们在思想、行为上不断积累加强自己的人格素质。

3.家庭、学校、社会相结合

这里主强调班主任要进行协调及时了解学生的思想、行为动态，及时教育。人格素质的教育和形成单靠学校，教师的教育管理是不够的，必须使各方面的教育力量形成合力，才可能收到较好的效果。

4.关心爱护与严格管理相结合

学校的领导，教师及其他教育工作者在教育过程中要遵循知、情、意、行的心理规律，对学生进行人格素质的教育，在此过程中，必要的规范其行为的方式方法必不可少。

学生人格因素的培养

1.加强人权观念和法制观念的教育

学校作为教育机构，对学生的人格塑造乃是第一位的。首先就要让学生懂得做人的规格是什么，怎么做。国家早就为学校和学生制定了一系列法规制度和各种守则，提出了育人标准。然后就是教育管理者必须严格执行各种法规制度，不能形同虚设。只有这样，学生的人格教育和法制观念才能逐步得到增强。

2.发挥教育工作者的人格表率化作用

现在的中小学生，因为物质生活的优越，社会信息的畅通，虽还是未成年人，却自以为大道理什么都懂，小道理无所不知。对于教育者的空口说教，他们早就厌烦了。因此，不管是家庭教育，还是学校教育，又特别是生源素质相对差异很大的民办学校的教育，都必须用人性化的仪表和人情味的话语去引导他们，感化他们。

3.加强对中小学生的正面疏导

正面疏导，也就是强调在对学生进行教育时，要采用人性化的，富有人情味的教育方式。即"人格本位"的思想方法。中小学生作为未成年人，不管他身上存在多少毛病，而想做一个被世人所称赞而不愿被唾弃的好人的目标是共同的。

4.加强对中小学生心理素质的培养

心理素质教育是人格教育的重要内容之一，心理素质是指学生的意志、情绪、情感、性格、自我意识、社会交往、适应能力等方面的心理品质。现代教育理论认为，学生的德、智、体、美和个性的生动活泼发展，要以良好的心理素质作前提。

小学生的个性培养指导

使学生全面发展，就必须注重学生的个性发展。因此，教师在教学中必须正确处理好"教书"与"育人"的关系，发展全面素质与发展个性的关系。在新形势下，推行素质教育，教师不仅要增强素质教育意识，更要吃透素质教育的内涵。

透素质教育的内涵

1.全面性

这里的"全面"，不只是指共性的全面的基础发展，还有因人而

异的个性特点。如果只有共性的发展，而没有个性的发展，对一个学生的素质来说，还不是全面的，对培养新时代需要的有创造性的人才也是不利的。

2.合格性

它强调合格公民基本素质的培养，以学会做人为首要任务。提倡学会学习，学会生活，学会关心，为学生自我学习、自我教育、终身教育和受高一级的学历教育打好基础。

3.主体性

它强调学生整体素质的全面发展，生动活泼的个性优化发展。强调学生在教育教学过程中的主体地位，发挥学生的主体能动性和创造性。而良好的个性能得到充分发展，便是学生主体性充分发挥的具体体现。

4.开放性

它强调教育要面向现代化，面向未来，面向国际社会。因此实施素质教育，必须使学生具备适应未来社会需要的素质，有利于个体潜在创造性的发挥，这就需要十分重视发展学生的个性。

5.优化性

这种优化强调教育财力、时间、精力投入与产出的最优化，最有效。它强调师生劳逸结合有度，劳动时间集约化，为学生赢得自由支配时间，以利于学生个性优化发展。

素质教育的实施

素质教育的全面实施，必须十分重视学生个性的培养和发展。主要可从几方面入手。

1.激发兴趣，强化内驱力

兴趣是学生活动中最现实、最活跃的因素，是学生感知事物、追求新知识、发展思维的强大内驱力。在愉快教学、情境教学、尝试教学的教学实践中，以引人入胜的导入、新颖有趣的设问、生动形象的电教、变化多样的游戏等引发学生兴趣，效果显著。

2.指导学法，确保自主性

传统的应试教育以灌输为主，学生没有主动学习的权利，因而严重阻碍了学生的健康发展。要加强学习方法的指导，变"教"的课堂为"学"的课堂，还学习自主权给学生。

3.培养能力，注重个性化

在当前科学飞速发展、知识剧增的情况下，学生具有自主地获取知识的能力是非常重要的。有了自主学习的能力，学生学习的积极性就能充分调动起来。就能通过独立思考去理解和掌握基本规律，举一反三，触类旁通，促进学生思维能力的发展，提高独立解决问题的能力，使其个性得以优化。

4.优化情感，发挥推动力

心理学认为，情感因素对学生的个性形成，具有动力功能、定型功能和补偿功能，对学生的学习方向、学习过程、学习成绩能产生重大影响。

因此在素质教育的课堂教学中，应该十分重视对学生情感素质的培养。

学生完善人格教育主题活动

"人格的魅力"主题班会活动方案

1.活动背景

人格对一个人的成长与发展具有重要的作用和影响，多种调查研究都证明，成功者和失败者之间最大的差异不是智力上的差异，而是非智力方面的差异，其中人格因素起着重要的作用。具有健全的人格有助于人们适应急剧变化的社会并有效地为社会服务。

时代的变革必然产生层出不穷的新观念、新事物,健全的人格是人们主动、积极地调节自我适应转变的根本保证。作为跨世纪的一代,为适应社会发展的急剧变化,必须具有健全的人格。为此,学校围绕培养学生的健全人格这一主题,开展活动。

2.活动目的

帮助学生明确人格与职业理想之间的关系;树立正确的理想观,人生前途观,纠正一些不正确的观点,积极努力学习,真正成为社会的有用之材。

3.活动准备

组织学生在活动前搜集、学习有关成功人士的生平故事,名人名言。布置教室,气氛应健康活泼。

4.活动过程

(1)导入新课。一个学生如果仅仅是不尊重老师,不守公德,不敬父母,那就是品行的问题或人格的问题,构不成大的危害。但是,如果一个学生不仅如此,而且发展到聚众斗殴、敲诈同学、威胁以至伤害师生、甚至残害父母的程度,这就超越了人格的底线,构成违法甚至犯罪。

人格安全是最大的安全,人格危险是最大的危险;人格健康是最大的健康,人格病态是最严重的病态。人格成功是最大的成功,人格失败是最大的失败。

假如一个人的人格是成功的,那么,即使他成不了大才,最起码也可以做一个平凡的人,也可以幸福地过平民的生活;假如一个人的人格是失败的,那么,即使他成了才,也会出问题,甚至会出大问题。

一个人可以不做杰出的人物,可以不成大才,但是不可以不做人,做人是第一位的。许多父母只关心孩子的学习成绩,结果呢,不少聪明的孩子，不但学习成绩差，而且劣迹斑斑，有不能顺利完成义务教育或高中教育阶段学业的；也有不少智商与成绩超常的孩子考上大学或读博士之后，发生各种心理问题，与人难以相处，承受不了挫折，甚至发生自杀或杀人案。

造成这种悲剧的主要原因是人格缺陷。意大利诗人但丁有句名言：一个知识不全的人可以用道德去弥补，而一个道德不全的人却难以用知识去弥补。能力不足，责任可补。人格不足，问题就大了。

（2）学生思考并回答。何谓人格及人格魅力，可以用具体事例回答。

（3）教师举例补充。莫洛是美国纽约最著名的摩根银行的董事长兼总经理，他那总经理的宝座，使他年收入高达100万美元。他最初不过在一个小法庭做书记员而已，后来他的事业得以如此惊人的发展，究竟靠的是什么法宝作后盾呢？

莫洛一生中最重大的一件事就是他博得了大财团摩根的青睐，从而一蹶而就，成为全国瞩目的商业巨子。据说摩根挑选莫洛担任这一要职，不仅是因为他在经济界享有盛誉，而且更多的是因为他的人格非常高尚的缘故。范登里普出任联邦纽约市银行行长之时，他挑选手下重要的行政助理，首先便是以人格高尚为挑选的重要标准。

杰弗德便是一个从地位卑微的会计，步步高升，后来任美国电报电话公司总经理的例子。像摩根、范登里普、杰弗德等领袖人物，都非常看重"人格"，认为一个人的最大财产，便是"人格"。

（4）学生宣读课前准备的有关人格名言。

（5）教师补充名言。

　　　　常思奋不顾身，而殉国家之急。

　　　　　　　　　　　　　　　　——司马迁

国耻未雪，何由成名？

——李 白

死去原知万事空，但悲不见九州同。王师北定中原日，家祭无忘告乃翁。

——陆 游

各出所学，各尽所知，使国家富强不受外侮，足以自立于地球之上。

——詹天佑

人民不仅有权爱国，而且爱国是个义务，是一种光荣。

——徐特立

（6）学生讨论。学生应追求怎样的健康人格。

5.活动反思

（1）对健康人格模式的选择。当代青年理想的人格模式应该是，在爱国主义、集体主义、社会主义和中华民族传统美德的基础上构建起来的人格特征，包括独立的意识，鲜明的个性，高度的理性精神和科学态度，批判、继承、创新的意识。

在心理活动上与多数人一致，有健康向上的情趣，全身心地投入学习和工作，开拓进取并能与人合作，具有忍耐力等。同时，要在现代化发展的进程中弘扬"不降其志，不辱其身"，"老吾老以及人之老，幼吾幼以及人之幼"，"学而不厌，诲人不倦"，"天行健，君子以自强不息"和"天下兴亡，匹夫有责"的民族精神，把理想与健康的人格作为人生追求的目标，重塑自我，攀登现代人格的高级境界。

（2）健康人格的标准。和谐的人际关系。人际关系最能体现一个人人格健康的程度。人格健康的人乐于与他人交往，并与他人建立良

好的关系；与人相处时，尊敬、信任等正面态度多于嫉妒、怀疑等消极态度。健康的人常常以诚恳、公平、谦虚、宽容的态度尊重他人，同时也受到他人的尊重与接纳。

良好的社会适应能力。社会适应能力反映了人与社会的协调程度。人格健康的人能够和社会保持良好密切的接触，以一种开放的态度，主动关心社会，了解社会；在认识社会的同时，使自己的思想、行为跟上时代的发展，与社会的要求相符合，表现出能很快适应新的环境。

正确的自我意识。自我意识是个体对自己和自己与他人、与周围世界无关的认识。具有健康人格的人对自己有恰如其分的评价，充满自信、扬长避短，在日常生活中能有效地调节自己的行为与环境保持平衡。缺乏正确自我意识的人常常表现出自我冲突、自我矛盾，或者自视清高、妄自尊大，做力所不能及的工作，或者自轻自贱、妄自菲薄，甘愿放弃一切可以努力的机遇。

(4)乐观向上的生活态度。积极的人生态度是人类在社会实践中获得的本质力量的表现。乐观的人常常能看到生活的光明面,对前途充满希望和信心,对自己所从事的工作或学习抱有浓厚的兴趣,并在其中发挥自身的智慧和能力。即使在遇到困难和挫折时,也能不畏艰险,勇于拼搏。青年学生的主要任务是学习,因而对学习的兴趣如何可以反映出对生活的基本倾向。人格健康的学生对学习怀有浓厚的兴趣,表现出观察敏锐、注意集中、想象丰富、充满信心、勇于克服困难,通过刻苦、严谨的学习过程,获得学习的满足感和成就感。我们很难相信,对学习和生活缺乏兴趣,整天精神不振的学生的人格是健康的。

(5)良好的情绪调控能力。情绪标志着人格的成熟程度。人格健康的人情绪反应适应,具有调节和控制情绪的能力,经常保持愉快、满意、开朗的心境,并富有幽默感。当消极情绪出现时能合情合理地宣泄、排解、转移和升华。

健康人格的各个标准都是相关的。"具有体验丰富的情绪并控制情绪表现的人,通常是有能力满足自身基本需要的人,是能紧紧地把握现实的人,是获得健康的自我结构的人,是拥有稳定可靠的人际关系的人。"总之,人格健康的人,其人格的各个方面是统一、平衡的。上述标准不仅是我们衡量一个人人格健康的尺度,同时也为青年朋友们改善自己的人格提供了具体的努力方向。

"健全人格完善自我"主题班会方案

1.活动背景

改革开放将我国的社会生活推向了崭新的时代,但急剧变革的时代步伐带来了中西文化的碰撞和新旧观念的交锋,许多不良的价值观念、人生态度也伴随着科技文化的引进进入我国校园,使得我国青少年的思想和行为陷入了冲突、困扰,甚至一度出现混乱状态,心理状态的倾斜与失衡普遍，人格"低落"、"缺失"等现象呈现出增长势头。针对这种现象，学校组织以"健全人格，完善自我"为主题的班会，加强学生对不良性格的甄别和改变。

2.活动目的

从礼仪入手，分析对错，引导学生认识自己，从而达到明辨是非、健全人格的目的。

3.活动准备

制作一组PPT图片，图片内容为不同人吃喝行走、待人接物时的姿势。另外，要求学生自己准备几个小品，内容为接受长辈/晚辈的礼物、捡起别人掉落的东西、在商场和老师/同学/亲戚长辈打招呼、应同学要求递笔记本/笔/小刀给他等等内容。

4.活动过程

（1）从"人"的定义来探讨做人的意义。老师先引入柏拉图对于人的定义，要求学生谈谈人是什么，如何做人才有意义。让学生懂得

做人要有内涵，不能做光有皮囊的无毛之鸡。

（2）做人如何才有内涵。请学生谈谈人的内涵包括什么？可以提如下问题：

你喜欢什么样的同性或者异性朋友？

你喜欢她/他身上的哪一点？

你身上有你喜欢的那种优点吗？

我们说一个人很有气质，你觉得什么才是一个人的气质？你身边的同学或者朋友有这种气质吗？

现在你觉得人的内涵应该包括什么内容？

礼仪是内涵必备的一点，没有礼仪就无所谓内涵。在学生回答问题的时候要时时引导学生往礼仪上去想。

（3）学习礼仪，做个有礼貌的人。通过PPT展示一组图片，图片内容为不同人吃喝行走、待人接物时的姿势。请学生针对图片中展示的内容谈谈哪些是对的，哪些是错的。并要学生指出自己身上是否存在与图片相同的情况，今后该怎么做？

要求学生演示几个场景：接受长辈或晚辈的礼物，捡起别人掉落的东西，在商场和老师、同学、亲戚长辈打招呼，应同学要求递笔记本、笔、小刀给他，等等。老师针对学生的表演要指出其中的不足，讲解正确的做法。

通过PPT展示一组正确的礼仪习惯的图片，看完图片，问学生是否有信心也做到这些。

5.认识自己、正确定位自己

骄傲的孔雀对于自己的容貌特别是尾巴上的羽毛有着

极大的自信,有一天她故作谦虚的走进鸟群,问一只麻雀:"亲爱的麻雀,我最漂亮的时候是什么时候?我最丑的时候又是什么时候?"

麻雀想了想就跟孔雀说:"你最漂亮的时候是开屏的时候,你最丑的时候也是开屏的时候。"

孔雀不解,于是问麻雀为什么,请同学猜猜麻雀的回答。

麻雀说:"因为你在开屏的时候把屁股也露出来了,尽管开屏的时候很漂亮,但这也是你最丑的时候。"

请同学谈谈这个故事想要表达的道理。

这个故事告诉我们要正确的认识自己,因为往往在你自认为最帅,最得意的时候,也许你就将你最丑陋的一面展示给别人看了,俗话说得意忘形,应该就是这样,所以大家对于自己应该要有清醒的认识。

6.活动反思

本次活动,通过学习有关礼仪的知识和许多做人的道理,希望学生能够真正地认识到健全人格的道理,并且付之于实践,使大家以后都成为受欢迎的人。但这样的活动仅仅一次两次是不够的,班级还应该长期坚持,并引导学生在实践中加以运用,只有这样,才能扭转当前学生人格"低落"、"缺失"的现象。

学生阳光心理的主要内涵

学生阳光心理主要包括五个方面的内容。

认识自我,追求更好

认识自我是自我发展、自我教育的前提。每个人都应树立明天比今天更美好的目标。这就要求教师在课堂教学中:

1.重视学生在学习目标上的差异性

做到下要保底、上不封顶;关注学生的学习过程先耐心真诚地倾听学生是怎么想的,然后再根据学生的想法加以引导;

2.要重视学生在学习过程中的反思

如在课堂上师生、生生之间进行了热烈的讨论或争论后,教室一定要留出时间,让每个学生都想一想讨论后的收获,因为即时反思,效果更好。在每堂课中,教师都要鼓励学生努力做最好的自己。

真诚善良,宽容尊重

课堂教学活动是师生之间、生生之间的互动交流活动,也就是根据一定的目的、一定的内容,在一定的时间内生命体之间的交流。人与人之间的沟通、交流注意:

首先要真诚,谁有比自己更好的学习策略和学习品质,就应该虚心地向谁学习。当有同学学习有困难,答错题时,就应该予以帮助。如有学生不会回答问题或答错了,教师是否可以这样说:"看来你现在有点困难,没关系的,老师建议你请你的好朋友来帮你一下。"总之,我们请一位学生站起来,一定要让他体面地坐下,这是一种心理上的呵护。

其次,教师一定要学会倾听,倾听不仅仅是一种行为,更是对人的一种尊重。

最后,教师一定要宽容学生的错误。学生是未成年人,是在成长和发展中的青少年,从某种角度上讲,犯错误是学生的权利。每个人的人生之路总不是很平坦的,教师要让学生懂得成功是精彩的,失败是美丽的,让学生在课堂中能经受失败,以增强其受挫能力。

心态平和,积极快乐

心态平和,从课堂教学来思考,主要有这么几个方面。

1.要有一颗平常心

也就是对自己的学习目标要从自己原有的水平出发,同学之间既要相互学习,把比自己学得好的同学做榜样;更要倡导自己和自己比,自己只要在不断进步,就是好学生。

2.要有一颗自信心

在课堂上,教师要根据每个学生的情况,为每个学生搭建展示的舞台,让每个学生在舞台上体验一份成功,体验一份快乐和自信;

3.要有一颗责任心

在课堂上,教师要重视学生自我评价、自我检查的学习习惯的培养;

4.要重视多元思维

即让学生从不同的角度思考,用不同的策略解决问题,并引导学生把这种课堂中的多元思维迁移到日常生活、学习和人际交往中去,保持一种积极向上、乐观快乐的心态。

合作交流,互动分享

在新课标"自主、合作、探究"的学生课堂学习方式中,教师一要强调合作、交流一定要建立在个人劳动的基础上。如在课堂中有争论,某一个问题有多种解题策略,教师先要让每个学生动笔、动脑、动手自己做一做、想一想,在此基础上再让学生进行小组合作交流,这样让学生在合作交流活动中不仅体验到个人的智慧有限,需要向别人学习,而且能感受到互动分享的快乐。

务实诚信,讲究效率

学习活动是一种非常务实的活动。教师一定要重视学生实事求是作风的培养,而且要讲究效率。在课堂活动中,教师要学生讨论或做题,一定要有时间观念。

学生阳光心理教育心理辅导

成长是一种化茧成蝶的痛

在人生的十字路口上,有些青少年曾迷茫过,徘徊过,成功过,失败过。但却从未轻易放弃过,因为他们坚信阳光总在风雨后,而成长过程中却有化茧成蝶的痛。

在成长的过程中,伴随着升学压力,学习压力,父母的不理解,

以及与老师同学的沟通等多方面的困惑,我们会感觉自己肩上的担子越来越重了,而现在最让我们困惑的莫过于学习和朋友的关系。

任何成长都要付出代价

在人生旅途中,并不是所有的事情都如我们想象的一帆风顺。当我们遇到愉快的事情时,心情就会很开朗;而当我们遇到一些不开心的事情时,就会对生活充满抱怨。每个人的成长都要付出一定的代价,我们总是习惯对别人的风光无限充满羡慕之情,却没有去想过他们在风光背后所付出的艰辛。

挫折是成长的必修课

每一位青少年都希望自己的青春之路能够多一些快乐,少一些痛苦,多一些顺利,少一些挫折,可是命运却似乎总爱捉弄人、折磨人,总是给人以更多的失落、痛苦和挫折。青少年在遭遇挫折后,对待挫折的态度,往往大不相同。遇到挫折,有的青少年如石头一样撞了南墙也不回头;有的青少年如鸡蛋一样,从此破罐子破摔;有的青少年则如皮球一样,从哪儿跌倒就从哪儿爬起来,执著地朝着目标继续前进。

身处逆境学会抉择

每一位青少年都希望自己的青春之路是完美而精彩的,但一个完整的青春之路就意味着成功和逆境并存。尤其是逆境,你也无法预料它们什么时候会出现。人类社会就是在与种种逆境的斗争中诞生和发展起来的,似乎是因为上帝创造人类的目的之一就是让他们承受诸多的苦难,所以人生注定有无数的艰辛相伴。不要惧怕失败,真正的成功经常是由一连串的失败而来。

在受伤中学会坚强

青少年时期有许许多多的幻想和目标,为将其变成现实,他们会付出种种努力甚至刻意的追求。当这种需求持续性地不能得到满足或部分满足时,他们的心理就会产生了挫折感,所以挫折也可称为是需要得不到满足时的紧张情绪状态。

作为年轻的一代,在追赶梦想的路上有低谷也有暗礁,谁说失败了就再难抬头,在自由的海域里,没有了暗礁,才是最大的不完整。只有不断地经历失败,经历风雨,不徘徊不迷失,看到远处的绚烂彩虹,平静一些,坚强一些,光辉的人生将会写满灿烂。

勇敢是成长的强化剂

人要学会勇敢。敢做敢当,才是现在青少年所应该有的表现。七八点钟的太阳,就应该生机勃勃,有一种初生牛犊不怕虎的精神。所以不论你经历了什么,在经历着什么,你总该明白,人生的路,总要走下去的。只要我们没有了断自己的决心,要生存下去,我们只能学会勇敢。

其实对于青少年来说,所谓勇敢,乃是通过自己的沉着、冷静和智慧,努力做到既拯救自己,又拯救别人!勇敢者的座右铭就是要学会双重的爱。随着年龄增长,青少年的体会也会不同。从现在做起,从自身做起,从身边的小事上做起,时时刻刻来提醒自己,其实应该勇敢的面对一切。

敢于挑战自己

对于青少年来说,每个人都是一个完完整整的人,而且每个人的智力并不差,能够学好自己的文化课。虽然,不能背起刀枪保卫祖国,也不能在熊熊大火的战场上抛头颅洒热血。作为当代青少年,一定要勇敢的挑战,随时准备挑战那些阻碍你前进的一切困难,你的人生会因此而丰富卓越,世界也会跟随着你的步伐向前迈进。只有敢于挑战自己的人才能成功;只有敢于挑战自己的人生才是有价值的;只有敢于挑战自己的人生才是多姿多彩的。

学生阳光心理教育主题活动

"我们是朋友"主题班会活动方案

1.活动背景

现在的独生子女,他们渴望长大,渴望友情,渴望探求未知世界。面对复杂的社会、未知的人生、学习的压力、家庭的矛盾、朦胧的情感,他们常常感到困惑、矛盾、甚至苦闷。在校园生活中,学生们表现出缺乏生活适应、信心,逆反叛逆心理严重、思想偏激,学生毕业升学压力大等问题,需要将其展开,举行主题班会,使全体受到

教育。学校积极探讨这方面的问题，根据以人为本、健康促发展的理念，决定与德育结合，每学期至少进行一次心理健康教育主题班会评比活动，正确疏导学生的心理，教育学生形成良好的心理品质、健全的人格、提高学生的思考道德建设工作具有实效性。

2.活动目的

（1）让同学懂得交友应注意的误区，通过活动，消除困惑，走出误区。

（2）感受人生的欢乐和幸福，从而以一颗积极乐观的心来善待周围的每一个人，善待生命的每一天。

3.活动准备

（1）主持人报名，从中确定两位，写好开场白及过渡语。

（2）会前要求每个同学搜集准备有关中学生交友、友谊等资料，自由选择，加入相应的话题组，组织好发言材料。

（3）班会活动前由值周班长负责布置好场地。

4.活动过程

主持1：盼望着长大的童年在不知不觉中远去，步入中学的少年陆续受到青春之神的点化，渐渐地拥有了属于自己的"成熟与长大的脸"。

主持2：稚气日颓的身影闪烁着青春的光彩，充满着青春的活力。

主持1：颗颗年轻的心，翻腾着青春着浪潮；

主持2：颗颗年轻的心，品尝着青春的滋味。

主持1：在这花季雨季的岁月里，给我们这些少男少女带来了兴奋和惊喜，也带来了焦躁和烦恼。

主持2：在这五光十色的妙龄里，多了些梦幻，多了些朦胧的"爱"。

合：同学之际，男女之间——《我们是朋友》主题班会现在开始。

主持人1：今天，主题班会的主要议题是："走出同学交往的心理误区"。在本班会召开之前已按要求，由同学们准备话题，按预先设计的程序进行。

主持人2：下面先请班主任老师讲话。

班主任：同学们，非常高兴地看到你们长大了，然而在你们成长途中，竟会有那么多的烦恼。今天特地把你们平时谈论的热门话题——"同学的交往"摆在你们面前，我相信你们一定会正确处理。我只是希望大家说心里话，要实话实说。下面的时间就留给同学们吧。

每组组长提出话题，集体讨论，组长代表本组小结。

话题一：友情是亲密的，要不得距离。

话题的小结：建立良好人际关系的重要条件是心理相容，而促进心理相容的途径之一就是彼此缩短心理距离。

从这个角度看，彼此之间心理距离近是件好事。然而物极必反，两人距离太近了，也会令人不舒服。这是因为在人际交往中，每个人都要求独占一定的空间，此空间叫人际空间。由于它像一个大气泡包围这一个人，因此有的心理学家就形象地称之为"人际气泡"。

距离太近了，"人际气泡就会相互挤压，其独立的要求就得不到满足，人于是就有了被侵扰得不舒服感。可见，人们一方面需要与他人建立密切得关系，另一方面又需要一定的独享的心理空间。

日常学习生活中，很多同学一度关系很好，无论做什么都要结伴而行，甚至入厕也要同行，可结果往往是好景不长，或渐渐疏远，

或不欢而散。以致有的同学抱怨说,我对他很好,他为什么疏远我,背叛我?其实,这哪里是什么疏远与背叛,很大程度上是对方感觉到"人际气泡"的"拥挤",想尝试着拉开一点距离,而这种尝试一旦得不到另一方的理解甚至被误会,结果可想而知。

所以距离实在是很微妙的东西,太远了,不行,无法沟通;太近了,也不行。适当地拉开一点距离,不仅可以使双方获得足够的心理自由度,感到舒服和自在,还可以增加距离美感,从而让关系更为融洽和谐。

如何亲密而又有间?有人说若即若离,这万万不可,因为它给人的是一种对友谊不忠诚的感觉。但我们可以从调整空间距离入手,来控制与之密切相关的心理距离的远近。当然最重要的还是双方日常活动保持一些独立性,不要你说什么我就说什么,我做什么你就做什么。

好友之间多培养些独立性,减少些依赖性,行动上就自由了,心理上也就自由了,距离感也就恰当了。适度的距离更会使人享受到友谊的快乐。

话题二:友情是和谐的,来不得冲突。

同学、朋友之间的关系应当和谐,但产生了冲突该怎么办?

话题小结:同学交往中的冲突并不能全盘被否定,应该辨证地看待。如果一场冲突真的无法避免,那就干脆让它自然地、痛快地、健康地爆发吧。相信雨过

之后天将更蓝,阳光将更灿烂。如果非要一个劲地捂着盖着,生硬地回避着,那"疖子"无法出头,友谊只会渐渐霉变。

冲突并不可怕,可怕的是冲突发生时我们可能会因无法控制住自己的情绪,无法保持清醒的理智而伤害到友情。对此,我们必须牢记这样的原则,即面对对方突发的言行,不能针尖对麦芒以牙还牙,而应该采取谅解与宽容的态度,驾驭住情绪,让智慧支配言行,让善良支配智慧,善待对方,化解冲突。

话题三:我对他或她产生了一种朦胧的感情。

早恋问题是现今校园的较普遍现象,应当怎样去面对,怎样去处理?

话题小结:中学时代是打基础时期,将来从事何种事业还没有定向,对每个中学生来说,今后的生活道路还很长,各人将来将从事什么职业,在什么地方工作,都是难以预测的,而且随着时间的流逝,生活的变迁,各人的思想感情将不断发生变化。中学时代的山盟海誓往往经不起现实生活的严峻考验,中学时代的早恋十有九不能结出爱情的甜果,而只能酿成生活的苦酒。

中学生的早恋往往是情感强烈,认识模糊。相爱的原因往往极其简单,没有牢固的思想基础,比如有的是受对异性的好奇心、神秘感的驱使;有的是以貌取人,为对方的外表风度所吸引;有的是羡慕对方的知识和才能;有的是由于偶然的巧遇对对方产生好感,等等。中学生的早恋好比驶入大海的没有罗盘、没有舵的航路,随时隐伏着触礁沉没的危险。

因此,可以积极参加一些文娱体育活动,培养自己的阅读兴趣,在这些活动种培养健康情趣,发展爱好特长,使过剩的"青春能量"得到有益有效的利用;还可以在各种活动种促进异性同学间的相互了解,学会如何尊重异性,学会与异性相处的基本礼节和能力;假如收到情信,你不知如何处理,可以去咨询心理健康老师,或者与你信任的老师交谈,让他们帮你出谋划策。

班主任老师:同学们,这次活动组织得十分成功,同学们几乎成了心理健康研究的小专家了。刚才同学们就"同学们交往的三个心理问题"谈话非常切中,道理也说得很对。我想同学们应该明白一个事实:中学时期是个体、人际关系相对单纯的时候,这一时期同学的人际关系交往的对象主要是父母、老师和同龄伙伴,人际之间少有直接的利益冲突。如果此时的每个同学都能以自然、坦诚、平等、友好的态度对待他人,能够理解他人的情感需要,尊重他人的权益、意志,真诚地赞美、善意地批评与帮助他人,一定能与他人保持和发展融洽的关系,并从中获得友谊和生活的乐趣。

5.活动反思

在整个主题班会材料的准备过程中,同学们在老师的指导和引领下,学到了许多有关心理健康方面的知识;同时,在话题讨论、介绍有关知识的过程中让一部分平时性格不太开朗、一部分比较内向的同学得到了锻炼,变得开朗起来;也锻炼了同学各方面的能力,收到了意想不到的效果。

为了巩固成效,我们将进行"时代需要心理健康"的系列主题班会如:"珍惜自己,尊重别人,关怀弱势团体""珍惜家人、重视友谊、热爱集体","尊重大自然养成简朴的生活态度"从而让学生会思考生死问题,并探讨人生终极关怀的课题,使其立志做一个朝气蓬勃、智慧多元、追求生命理想的健康一代,这样就真正发挥了心理健康教育的作用。

"青春期异性交往"主题班会活动方案

1.活动背景

处于青春发育期的同学,开始对两性关系产生朦胧认识,在同

学关系上开始由对同性好感转为对异性好感。看到有关两性内容的书或电视，他们会产生莫明的冲动和兴奋，看到漂亮的异性时，脑子里也会情不自禁地想入非非。这是发育过程中正常的性生理和性心理现象，但这时的少男少女，无论身体或心理，都远未达到成熟，决不可以沉湎其中。青春期要正确对待异性交往，既不可沉溺其中，也不能扭扭捏捏。为帮助青少年端正认识，明确方向，特地举行本次主题班会。

2.活动目的

（1）帮助学生了解青春期心理发展的特点，明确异性交往是青春期心理发展的自然规律。

（2）引导学生树立正确的异性交往的原则和方法，并用以引导自己的异性交往行为。

3.活动准备

（1）准备多媒体演示文稿。

（2）由老师指导排练心理剧。

（3）由值周班长负责布置好场地。

4.活动过程

（1）班主任老师讲故事。通过薄伽丘《十日谈》中的一则故事，引入话题"青春期需要异性交往"。青春期是童年走向成年的过渡，是青少年生活的重要时期，要经历躯体和身体的心理上的急剧变化。

影响生长的物质主要是人的脑垂体前叶的五种激素（即五种荷尔蒙），其中的两种促黄体酮生长激素（LH）和促滤泡成熟激素（FSH）产生性腺，他们可使男女产生雄性激素和雌性激素。而激素产生的效应就是异性相吸。

歌德有诗"青年男子谁个不钟情，妙龄女子哪个不怀春？这是人性中的至洁至纯。"

心理学上的异性效应：某中学组织同学外出野餐。第一天，老师让女男同学分席而食，结果是男生个个狼吞虎咽，女生则嬉笑吵闹，同样杯盘狼藉。第二天，老师让同学男女合席而食，则出现了另一番风情：男生个个彬彬有礼，你谦我让，大有君子风度；女生则个个细嚼慢咽，温文尔雅，大有淑女风韵。

男、女同学表现出想与异性交往的行为是一种自然而然正常的现象，适当的异性交往是必要的，大可不必遮遮掩掩，犹抱琵琶半遮面。

（2）心理剧表演。

①"收到一封烫手的信"

情景一：一男同学收到信，在同伴中炫耀。

情景二：一女同学收到信（写信的男生她看不起），在教室中当场把信撕了。

情景三：一女同学收到信以后，对写信人不做任何答复。

讨论：如果你收到这样一封信，你将会怎么办？

小结：异性交往的原则有这么几点。第一，注意交往的方式。青少年男女以集体交往为宜，在异性的集体交往中，一些性格内向、不善交际的同学，免除了独自面对异性的羞涩和困窘；一些喜欢交际的同学，则满足了与人交往的需要。

每个人都融入了浓浓的集体氛围中，在集体中的异性交往，每人所面对的是一群异性同学，他们各有所长，或幽默健谈，或聪明善良，或乐观大度，或稳重干练，……使我们在吸收众人的优点的同时，开阔了眼界和心胸，避免了只盯住某一位异性而发展"一对一"的恋爱关系。

第二，把握交往的尺度。在公开场合的交往，女同学应端庄、坦荡，不使对方产生误解、非分之想；男同学应庄重、沉稳，尊重对方。如果我也收到一封烫手的信，我们应遵循的原则是，态度要明确，不能含糊其辞，或不可置否，引起对方的误解、猜测，方式要委

婉，不能伤害他人的自尊心。

②"我的异性交往的困惑"

事先请同学写出自己平时生活中的异性交往困惑，不署名。有的同学在异性面前表现得很内向，感觉无话可说，没有共同话题，而在同性朋友面前感到很放得开。有的同学想参与异性同学的话题讨论，却没有勇气。

讨论并小结：青春期性意识发展有不同阶段，每阶段的心理表现是不同的（疏远异性期、向往年长异性期、渴望接近异性期等）。有的同学就处于疏远异性期，建议增强性别魅力，男性要表现出男子汉的气质：胸怀博大，情感深沉，性格开朗，情绪乐观，风度潇洒，坚毅刚强，有进取心，责任心和幽默感；女性要表现出女性特有的魅力：活泼开朗，举止大方，温文尔雅，仪表端庄，亲切善良，富于同情心。这种性别的特殊魅力，会赢得异性好感，会使交往自然而协调。

③什么时候开始谈恋爱最合适？

讨论并小结：打个比方，我们游泳，有浅水池和深水池。不同的人根据自己的情况，选择是不一样的。只有拿到了深水证，才有资格到深水区畅游。请扪心自问，在爱情的长河中，你有深水证吗？你可以控制水深、水浅吗？若是不顾一切的游向深处，就算给你个救生圈，你能安全上岸吗？你们稚嫩的肩膀，真的能像成人一样承受爱的重量吗？

④有时路上碰巧与认识的异性相遇，却不知该如何打招呼，只得干脆视而不见。

讨论并小结：排除异性交往的不自然感。异性交往要像同性交往一样，敞开心扉，坦诚相待，该说的话就说，该做的事就做，只要心里塌实、坦然，纯洁的友谊最终会经得起时间和事实的考验。

⑤有时与异性朋友很谈得来，彼此相处也很愉快，但往往遭到别

人的起哄、嘲笑，甚至"乱点鸳鸯谱"。

讨论并小结：起哄同学大多并无恶意，但他们的行为恰恰透露出内心对异性交往的向往的好奇，只是这种向往和好奇通过不太恰当的方式表现而已。不必太在意，只要遵循异性交往的原则，纯洁的友谊会得到大家的认可。

班主任总结：男女同学通过正常的交往活动可以增加相互间的了解，认识到男女之间的生理、心理差异。这不仅可以消除神秘感。而且可以使男女同学对异性的好奇心和向往转变为在日常生活和学习中的相互关心、帮助和体贴，从而提高自己对性道德价值的认识，建立起健康向上的异性友谊。

5.活动反思

青春期的异性交往历来是个敏感的话题，教师、家长、学生都不约而同、小心翼翼地回避这个话题，一旦发现男、女同学之间交往增多，老师和家长虽不至于视之为洪水猛兽，但神经紧张是免不了的。

本次"青春期异性交往"，主题班会，从筹备到正式举行，学生们的表现都令人满意。他们没有人们想象中的那么拘谨，相反都能落落大方，坦然面对这个话题。无论是心理剧表演，还是自由讨论发言，他们都很真实，坦诚。在进入"我的异性交往困惑"这个环节时，甚至有学生大胆提出"什么时候开始谈恋爱最合适？"这还真是个说不清道不明的问题，对此班主任未作正面回答，而是用生动形象的比喻启发学生，让他们领悟其中的道理。

一节课的容量毕竟有限，但这次直面类似"早恋"这样的话题却是一个突破，一个新的起点。只要把握好异性交往的方式、尺度，消除人为造成的神秘感，那么异性友谊不但有助于个性的全面发展，还有助于培养青少年健康的性心理。

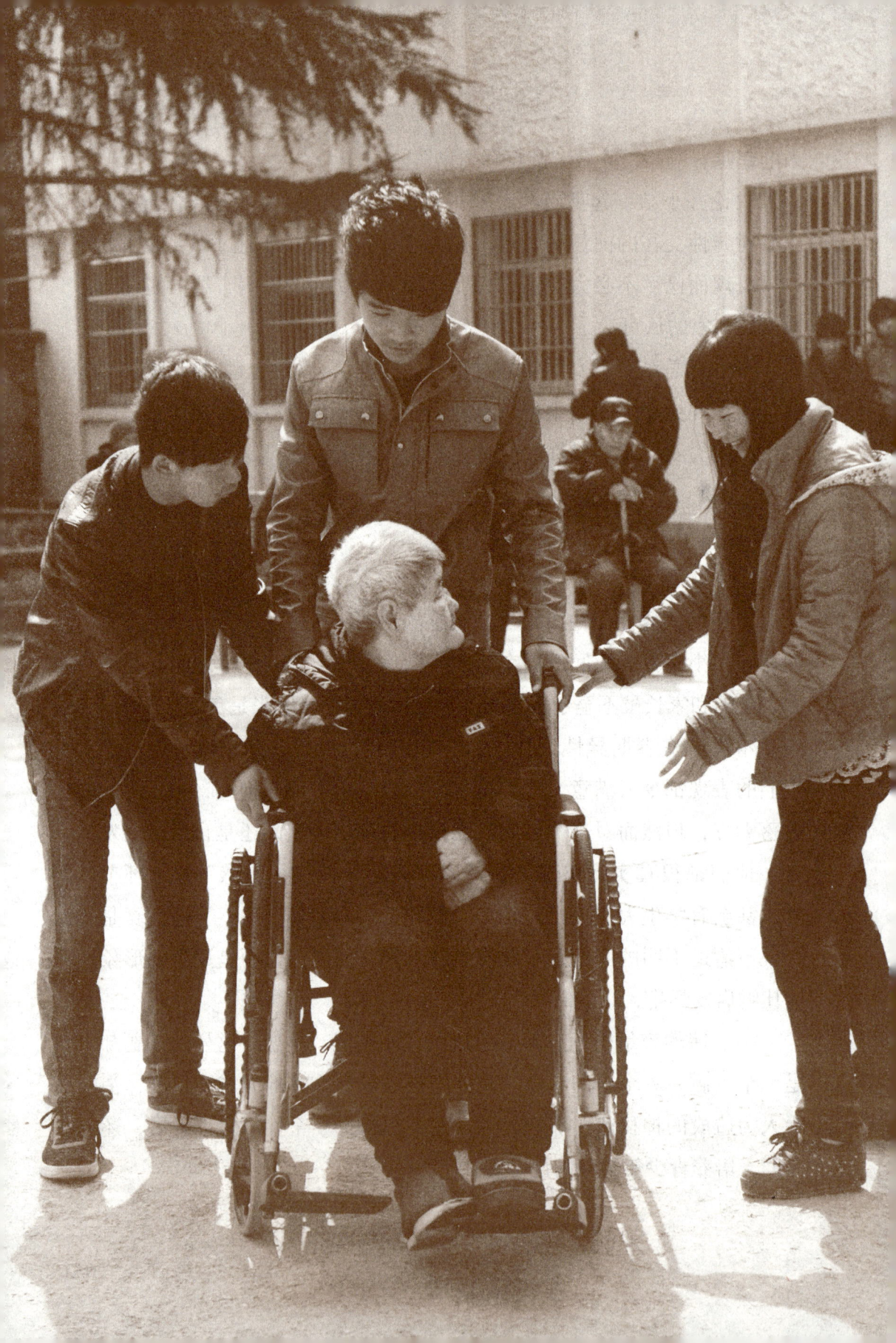

NO2.校园爱国亲情教育主题活动指导

对孩子进行爱国教育的意义

爱国主义是人们世世代代巩固发展起来的对祖国的一种深厚的感情，是"爱"的教育中的最高境界。历经磨难、饱经沧桑的四五十年代人有刻骨铭心的亲身经历，所以对祖国有着深深的眷念和爱。现在的孩子，生逢盛世，早已习惯了和平时代的幸福生活，一说到爱国，就觉得空洞教条，仿佛离自己遥不可及。如何触及孩子的灵魂，对孩子进行有效的爱国主义教育呢？

了解祖国的历史文化

我国的历史文化博大精深、源远流长，是每个中华儿女的宝贵财富。如果没有对祖国的了解，就根本谈不上爱。

1. 了解祖国国情，培养爱国意识

当孩子看到五星红旗和国徽、听到《义勇军进行曲》的时候，一定要让他们知道那些就是我们祖国的象征，以培养孩子的爱国情结和爱国意识，让孩子与祖国共荣辱。

2. 领略祖国河山，增强民族自豪感

"江山如此多娇"。且不说世界上现存规模最大、最完整的古代建筑群故宫和人类文明史上最伟大的建筑工程长城，单是"飞流直下三千尺"的瀑布，"柳暗花明又一村"的春景就足以让孩子惊叹不已，时刻感受自己祖国大好河山的秀丽。"人之初"的教育在一个人一生中打下的烙印往往是最深的。

3. 深谙爱国故事，浸染高尚人格

"中华五千年，英雄千千万"。中华五千年的历史就像一幅浩瀚的画卷，无数爱国才俊就是镶嵌在这幅画卷上最耀眼的明珠。

爱国从身边点滴小事做起

思想决定行动，有爱国之心才能有报国之志。反过来，行动也会指引思想，只有将爱国之心落实到日常的行动中，才会让孩子心中庄严的种子生根发芽。我们可以在日常生活中注意引导，从小事、小节、细致具体的行为入手，在点滴小事上引申发掘出其爱国积极的一面，对孩子进行教育。

1. 爱国，从爱身边的人和物开始

苏霍姆林斯基说："爱祖国应该从爱妈妈做起。"爱祖国，从爱家乡开始；爱祖国，从爱身边的人开始。一个人如果不热爱自己的故乡，不热爱家乡的父老乡亲，不热爱养育自己的土地，他还会热爱自己的祖国吗？家乡是我们生长和生活的地方，一草一木皆是情。

2.爱国，从尊重国旗、国徽开始

国旗，是一个国家的标志，不爱国旗也不会爱自己的国家。当五星红旗一次次在奥运赛场上升起时，每一个有道德的中国人都会滋生出自豪感；当神七登上太空，五星红旗在太空中摇摆时，全中国人民都无比骄傲。但是，我们也常常看到，有些学生在学校升国旗的庄严时刻，还在嬉笑打闹、随意走动。每当国歌奏响，国旗升起的时候，我们教师首先要面对着国旗肃立，给孩子做出一个行为的榜样。

3.爱国，从力所能及的小事做起

爱国常常体现在一个个微小的地方。只要一个人心系祖国，哪怕在一件平常的小事上也能表现出爱国之情。当你离开教室时，看见电灯没关时，你将它关好就是爱国；当你在公共场合，自觉捡起脚下的纸屑就是爱国；当你遵守秩序，自觉排队买票是爱国；当你克服缺点，努力做一个受人欢迎的人也是爱国……每一个生活中的点滴都是爱国的折射。

4.爱祖国，从身边活动开始

重大节假日能给孩子们营造一种潜移默化、润物细无声的氛围。清明节是纪念祖先和先烈的日子，是对孩子进行"爱国主义教育"的好时机。

在清明时节，学校可组织孩子参加清明节扫墓活动，让他们自己制作小白花、花圈，向已逝的亲人、先烈庄重地送上思念与敬意，让他们懂得今天的幸福生活是无数革命先辈用自己的生命和鲜血换来的，要珍惜今天的幸福生活，安心的学习。

国庆节是中华人民共和国成立的光辉节日，是祖国的生日。在这个举国欢庆的日子里，我们可以为孩子营造喜庆的祖国生日的氛围，引导学生回顾历史，展望未来，鞭策学生更严格的要求自己，激励自

己,规范言行举止,树立强烈的历史责任感,立下"弃燕雀之小志,慕鸿鹄而高翔"的志向,做新世纪的小主人。

端午节、建党日、中国人民抗日战争纪念日等很多节日都是对学生进行爱国教育的最佳时机,我们要在不同的时候,有针对性的开展相应的活动,给孩子适当的引导,让孩子在活动中共同享受到了一份浓浓的爱国热情。

爱国主义是孩子成长的指路明灯,是孩子成长道路上的指南针。培育堂堂正正的中国人,给孩子一颗中国心,是我们教育工作者的天职。我们要把爱国主义融入每节课、融入每件事中去,由近及远,由抽象到具体,由情感熏陶到道德情操,让爱国主义成为我们教育的主旋律!

对中学生进行爱国教育的方法

爱国主义教育是全民教育,广大青少年是教育的重点。学校是对青少年进行教育的重要场所,要把爱国主义教育贯穿到教书育人的全过程中去,特别是要发挥好课堂教学主渠道的作用。

了解文化传统

爱国主义是"千百年来巩固起来的对自己的祖国的一种最深厚的感情",是对祖国的忠诚和热爱。一国的国民对本国历史的了解愈深,愈是能激发他的爱国心。"我国人民的爱国主义精神是在中华民族漫长的历史进程中产生和发展起来的。

只有对祖国悠久的历史传统有深刻的了解,才能产生对祖国优秀文化的崇敬之情,进而产生对创造祖国灿烂而悠久的文明和现代经济政治生活文明的人民热爱尊敬之情。

通过讲授大量丰富的史料,教育学生在祖国优秀的文化宝库中不断汲取营养、陶冶情操,进而体验中华民族的伟大创造力及其对整个人类的卓越贡献,同时感受作为一个中国人的自豪。确立学生对祖国的自尊、自信、自强的进取心,学习继承祖国的优秀文化遗产,并使之发扬光大。

牢记革命传统

新中国的诞生经历了怎样的艰苦卓绝的斗争,这是后来人难以体验到的。它是千万志士仁人经历了无数次曲折磨难用鲜血和生命探索

得来的真理。毛泽东、刘少奇、周恩来、朱德等老一辈无产阶级革命家领导中国革命的丰功伟绩将永垂史册。共和国将永远记住李大钊、杨靖宇、刘胡兰、董存瑞等无数为中国人民的解放事业而英勇献身的先烈们。

在教学中，循着历史的发展对学生进行教育，使学生了解中国人民反对外来侵略和压迫、反抗腐朽统治，争取民族独立和解放，前赴后继，浴血奋斗的精神和业绩，特别是了解中国共产党领导全国人民为建立新中国而英勇奋斗的崇高精神和光辉业绩；使学生知道今天幸福生活来之不易。这是极好的革命传统和热爱中国共产党的教育。

维护祖国统一和民族团结

通过历史教学使学生了解并深切地感受到：中华民族是一个多民族的大家庭，要为完成祖国统一大业贡献力量。

自古以来，我国就是一个统一的多民族国家，历史上虽然有过诸侯林立，有过三国鼎立，但统一是大趋势，是长期的，搞分裂是不得人心，注定要失败的。在祖国的大家庭里，各民族人民都为维护民族团结和国家统一做出过不懈努力和历史贡献。汉族离不开少数民族，少数民族也离不开汉族，维护祖国统一和民族团结是各族人民的共同愿望。曾经饱受外国侵略欺凌的中国人民十分珍惜国家主权和领土完整，具有悠久爱国主义传统的全体中国人民一定要完成中国统一大业。

感谢家乡养育情

热爱养育自己的家乡是热爱祖国的出发点。很难想象一个对家乡没有感情的人会对祖国有深厚的情感，热爱祖国与热爱家乡是统一的不可分割的。初中生，大多十五六岁，他们生长在比较优越的环境里，对老一代开发家乡艰难历程，对祖辈、父辈艰苦创业的经历知之不多，对有些事情甚至不相信，有的怕苦怕累等。然而，建设更加富裕、繁荣的新家乡的任务将历史地落在他们肩上。

总之，爱国主义教育是一项伟大的工程，是一个深刻的主题。对学生进行爱国主义教育，不断提高他们的思想道德素质，培养有理想、有道德、有文化、有纪律的社会主义接班人，通过历史课教学，使学生树立自尊、自信、自强的民族精神，是每一位教育工作者义不容辞的光荣而艰巨的任务。

学生热爱祖国教育主题活动

"爱祖国"主题班会活动方案

1.活动背景

八年级语文教材中出现了《木兰诗》、《最后一课》、《陶四指》等作品,这些文章都从不同的角度诠释了爱国主义精神,因而以此为契机设计了这一主题班会。

2.活动目的

(1)通过回顾祖国历史(片段)之一,让学生体验在祖国灿烂、

辉煌的历史篇章中感人的爱国故事，培养学生朴素而深沉的爱国情感。

（2）通过模仿和视听，感悟爱国的深刻内涵，从而明确自己作为炎黄子孙的光荣与作为中国人的责任。

3.活动准备

（1）准备多媒体设备。

（2）编制脚本。

（3）选好演员，排练节目。

（4）挑选男女两个主持人。

4.活动过程

主持人上场。

甲：无论走多远，我们都不能忘记我们是中国人，

乙：无论到何时，我们都不能忘本，我们是炎黄子孙。

第一版块沧桑岁月

班会主题版面出现（屏幕）：

甲：回顾历史，祖国因我们而欣慰；

乙：脚踏实地，我们因祖国而自豪；

合：展望未来，我们与祖国共腾飞。

屏幕展示祖国各方面成就的图片。

演讲者演讲（渲染气氛）（大屏幕打出四个大字：苍桑岁月，后出现三四十年代战争时期的图片。）

小合唱《在松花江上》引入音乐剧。

甲：下面我要给大家讲一个我们家族的故事。故事开始在六十年前，听奶奶说，我爷爷的家庭是一个很兴旺的家庭，可是爷爷为了自己的理想，在那个非常的时期，不顾家庭的反对，毅然走上了革命的道路。

音乐剧：国难当头，挺身而出的一幕。在国家之间作出义无返顾的抉择：父子争吵。（以旧上海图片做背景，表明爷爷家庭背景）小合唱《红星照我去战斗》。

甲：我的爷爷参军了，那时的爷爷是个好勇敢的战士，不久便荣升连长，可是，在一次战斗中爷爷受伤了，于是……

（配合小合唱，部队前进的图像，表明爷爷从军），爷爷受伤（配以激烈战争的图片，衬托爷爷受伤），半月后与奶奶相识（战争时期医院做背景，表明爷爷入院）

甲：这就是我爷爷和我奶奶的故事。

在爷爷和奶奶的渐渐远去的背影中插入歌曲《革命人永远是年轻》。

小合唱《东方红》结束第一块（开国大典图片，表明建国）。

乙：中国人民经过长期坚持不懈的斗争，终于站起来了，从此中国人民走入了一个建设自己家园的新时期，我们现在过上了幸福快乐的生活，但我们不能忘记我们的领路人，改革开放的总设计师——邓小平。

第二版块风雨历程。

（大屏幕打出"风雨兼程"四个大字，出现一段邓小平的录像：我是中国人民的儿子，我深情地爱着我的祖国和人民！）

舞蹈《春天的故事》，用艺术化的手法展示改革开放后的祖国。

音乐剧：在骨肉分离上有矛盾；在祖国改革、建设、开发上有统一：

乙：时间过得真快，转眼间我们走入了80年代，爷爷从一个好帅、好勇敢的小伙子，变成了一个白发苍苍的老人，奶奶也从那个活泼可爱的小护士变成了三个孩子的祖母。听姑姑说，在她年轻的时候也曾为自己的理想努力过……

小品：母女矛盾（家属楼做背景），儿子劝解。

乙：5天后，我的姑姑收拾好行装，奔赴青海。奶奶说，她永远不会忘记那天火车站的一幕……母女和解，送女起程

火车站背景，小合唱《鲁冰花》。

乙：我姑姑走了，带着她的理想、她的追求去了青海，投身到西部大开发的洪流中。说不清是一种什么感情，直到现在我一直认为姑姑很了不起，因为她选择了自己的路，选择了为国贡献青春的路。

第三版块未来宣言。

演讲者总结前两个故事，并表决心。

歌曲：《激情飞扬》。

甲：华夏儿女走向世界，激情飞跃，我们共创伟业。激昂的旋律道出了我们建设祖国的决心。现在就让我们倾听一下同学们的未来畅想。

同学畅谈理想：祖国，我们深情地对你说。

屏幕出现大字，以国徽、华表为主要背景，同学自由发言。

主持人出场总结：

甲：保卫祖国，祖辈们披肝沥胆。

乙：支援边疆，父辈们义无返顾。

合：勇攀高峰，我们会再创辉煌。

甲：为了独立，我们的祖辈与祖国并肩走过沧桑岁月。

乙：为了发展，我们的父辈与祖国携手经历风雨历程。

合：为了辉煌，我们的身心与祖国一同步入经典纪元。

甲：不忘祖辈的故事，让鲜血撒向祖国的山山水水。

乙：铭记父辈的故事，让汗水流向家园的一草一木。

甲：创造我们的故事，让创新重写中国的辉煌明天。

合：祖国母亲，让我们永远与你同行，祖国母亲，让我们并肩携手开创未来。

同学们齐唱《同唱一首歌》。

班主任总结

真正的爱国不是一堂主题班会所能完全体现的，真正爱国更应该体现在平时的一点一滴中，没有对父母、对老师、对同学、对班级、对学校的爱，是不能谈及爱祖国的。

无论道何处，我们都不能忘记自己是中国人；无论到何时，我们都不能忘记自己是炎黄子孙。

4.活动反思

本次活动，选题虽然较大，但因选用较小的切入点来表现，所以还是极大地调动了学生的激情，取得了较好的效果。另外，选用多媒体来展示图片和战争场景，也起到了一定的烘托作用，今后，我们还会多进行各类主题的班会活动，一为活跃和丰富同学们的课余生活，再就是培养学生爱祖国爱人民的高尚情操，把学生培养成德智体美全面发展的新时代接班人。

"祖国在我心中"主题班会活动方案

1.活动背景

爱国主义作为人的一切基本道德价值观和品质,必须从小培养,经过长期教育和熏陶,才能逐步形成。

作为小学生来说,限于他们对"祖国"的感受和理解,他们的爱国情感表现是十分具体和贴近生活的。因而,我们爱国主义教育应该从小学生实际出发,以教师的激发为主导,以学生为主体,以活动为依托,以环境为媒介,开展有效的德育活动。

2.活动目的

(1)通过此次集会让学生对中国的革命烈士和民族精神有进一步的了解,从而引发"新""旧"家乡、祖国的变化思考,结合自己的身边实际,珍惜感恩现在身边来之不易的美好生活。

(2)着重以学生眼中"新""旧"家乡的比较,通过诗朗诵、唱歌、故事剧等多种丰富的活动形式激发学生的爱国主义情感,引导学生珍惜感谢生活,感谢祖国的美好情感。

3.活动准备

(1)准备多媒体设备。

(2)编制脚本。

(3)选好演员,排练节目。

(4)挑选男女两位主持人。

4.活动过程

播放《今天是你的生日》,活动开始。

男:今天是你的生日,我的祖国;

女:今天是你的盛典,我的祖国。

男:滔滔江河水,奔腾着浩浩中华魂,

女:巍巍昆仑山,耸立着凛凛赤子心。男:金风送爽,万里河山

披锦绣，

女：丹桂飘香，一轮明月寄深情。

男：今天，我们将在这里举行"讲英雄，爱祖国！"主题班会。

女：现在我宣布，"祖国在我心中"主题班会现在开始。

看PPT，感受祖国家乡的变化。

男：下面，让我们来看一看李老师找到的一些关于我们家乡常熟新旧变化的图片。

老师用本地老照片新照片的对比，用问答的形式让学生们感受到时代的变迁、生活的变化

同学讲革命故事。

女：清晨，当太阳刚刚从东方升起的时候，伴着雄壮的国歌，在北京天安门广场，五星红旗冉冉升起。祖国大地上处处有您，高高飘扬的五星红旗。共和国的五星红旗为什么这样红？

全班齐答：烈士的献血染红了他。

女：没有千百万革命先烈流血牺牲，就没有今天的新中国，没有千百万革命先烈流血牺牲，就没有今天幸福的生活。请欣赏故事表演《刘胡兰》。

合唱《歌唱二小放牛郎》

男：他的脸上含着微笑，他的血染红了蓝的天。秋风吹遍了每个村庄，他把这动人的

故事传扬。每一个村庄都含着眼泪,歌唱着——

全班齐答:二小放牛郎。

女:让我们一起用歌声来悼念这位革命小英雄——放牛郎王二小吧。

学生讲长征故事《毛主席带领红军战士爬雪山》。

女:"红军不怕远征难,万水千山只等闲"让我们对不畏千难万险的红军战士表示由衷的敬佩。

男:让我们在这个红色的9月里,一起重温那段红色的历程,一起追忆那段红色的历史,一起学习长征英雄的精神。

女:请听×××长征故事《毛主席带领红军战士爬雪山》。

男生诗朗诵《请英烈们放心》。

男:一个个故事,说不完我们的思念;一首首赞歌,说不完我们的崇敬。是英烈们用美好的青春,用闪光的年华,迎来了春天,迎来了光明。让我们全体男同学用最美的诗歌表达我们对英烈们的崇敬。请欣赏诗朗诵《请英烈们放心》。

同学表演节目。

女生诗朗诵《我爱我的红领巾》。

男:红领巾,一个充满朝气与活力的名字,为我成长指航向。

女:少先队,一个令我们骄傲与自豪的名字,为我人生树榜样。

男:亲爱的少先队员,你们可知道,

女:红领巾是国旗的一角,是烈士的鲜血染红。

男:啊红领巾,是先烈传给我们的火炬,光华四射,永远不熄。

女:老师们,放心吧,我们决不辜负胸前飘扬的红领巾。请欣赏我们女同学的诗朗诵《我爱我的红领巾》

全班《祖国颂》。

学生甲:我的祖国,是雄伟的泰山长城;

学生乙：我的祖国，是浩荡的黄河长江；

学生丙：我的祖国，是优雅的唐诗宋词；

学生丁：我的祖国，是迷人的楷书狂草……

学生戊：我的祖国，是鲜艳的五星红旗！！

学生己：流泪的时候，是祖国给我们坚实的依靠。

学生庚：受伤的时候，是祖国给我们栖息的家园。

男：伟大的祖国啊，我们为你而骄傲；

女：富强的祖国啊，我们为你而自豪！

合：昨天，先烈们以生命陪祖国一同走过霜寒的日子，

今天，我们以汗水和祖国一同迎来辉煌的明天！

男女：让我们一起歌唱祖国。

结束部分。

男：走过耕耘的日子，走进收获的季节；

女：走过昨天的坎坷，走向明天的希望，

男：改革的强音，在祖国大地上泛起层层涟漪，

女：在亿万炎黄子孙的心中凝结一个主题：

合：祖国，你是我们伟大的母亲。

女：祝愿祖国生日吉祥！国泰民安！繁荣昌盛！

男："祖国在我心中"主题班会到此结束，谢谢！

5.活动反思

此次班会，同学们用祖国沧桑之变的故事表演、魅力中国图片展、合唱、诗朗诵等诸多形式表达了对祖国的热爱和殷切祝福。主题活动大大激发了同学们的爱国热情和民族自豪感，活动中同学们流露出了对祖国的深情和热爱，增强了勤学、报国的决心，自豪之情满溢脸庞。不足之处是由于此类班会举办的不多，所以同学们有些拘谨，表演时有些放不开，但只要加强训练，相信这些缺点一定能够克服。

学生热爱父母的教育指导

古时候有所谓"孝为百行首"、"人生五伦孝当先"的说法；孝，就是孝敬父母、尊重长辈，实质是知根溯源、感恩图报的思想。孝敬父母，这是人类相生相养的自然情感，是中华民族传统美德的基础，是做人的基本道德规范。

教育的具体内容

1.明礼——首要目标

教育学生树立"孝敬父母光荣，不孝敬父母可耻"的荣辱观念和人伦意识，从而能自觉地做到体贴、关心、尊敬、热爱父母。做一个懂孝敬，讲孝行的孩子。

2.激情——过程实施

教育学生倾注情感与父母交流，激发其内心的亲情。

3.导行——完美人格

教育学生继承孝、敬的优良传统，让其最终内化为自身良好的行为习惯。

教育的过程、操作策略

1.家庭、学校"一体化"教育

利用家长、学校，开展"孝父母，献爱心"等亲近、互动型主题活动，采取以学校倡导教育为主导，以家长评价为依据，了解学生对父母的了解，包括对他们理解的深度、感情、态度以及在心中的位置等。让孩子了解父母为他和家庭所付出的辛苦。

2.少先队主题队会融情

少先队组织要定期围绕孝敬父母这一主题，结合实际事件开展活动。例如开展"妈妈，您辛苦了"、"今天我当值"、"我为父母敬孝心"等活动，组织交流探讨，在少先队活动情景中教育。

3.学科渗透

科任教师要利用好品德课、语文课上的一些内容、故事来加强对学生孝敬父母的教育。明确地教育学生应该怎样去做，该做什么等。

4.实践强化

它是指，对学生提出具体要求"听从父母教导，关心父母健康，分担父母忧虑，参与家务劳动，不给父母添乱"。

学生热爱父母的教育实践

一个人对自己的父母漠不关心,都不爱,那么,很难指望他将来到社会上去关心别人,去爱祖国。

教育学生谨身节用,懂得体贴父母

我国古代有句话,叫作:"谨身节用,以养父母",就是说,当子女的自己要节约一些,省俭一点,这样就能有充分的物力来赡养自己的父母。虽然,现在的父母绝大多数都不需要子女赡养,但需要子女对父母的体贴与理解。一些高年级的学生不顾家庭经济条件,电视

广告上最新推出什么,他们就攀比着吃喝什么,什么最流行,他们就穿什么;什么最高档,他们便用什么……一些工薪阶层的父母为了满足孩子的欲望只得勒紧裤带,那些亏损企业提前下岗的学生父母更是苦不堪言。所以,应教育学生要懂得体贴父母,知道父母的钱来之不易。

引导学生仿效榜样,学会尊敬父母

现在的小学生多为独生子女,多被父母视为掌上明珠,他们对父母缺乏应有的尊敬和礼貌。一个因患脑溢血而致半身不遂的家长曾声泪俱下他讲述了她的孩子张某嫌她在邻居面前丢人现眼,经常在家摔盘子、砸碗。针对着些情况,课外时间接集一组名人孝亲的故事,品德课上给学生讲房玄龄为继母尽孝、陈毅亲手为病母洗尿布等古今名人孝亲敬母的故事。让全班同学每人讲一个在家"孝"、"敬"父母的实例等。

激励学生多做家务,学会关心父母

古人云:惰其四肢,不顾父母之养,一不孝也。

现在的父母为了子女更专心于学业上的竞争、包揽了一切家务,以至于大多数学生"高分低能",自理能力弱,有些学生习惯于父母对自己的悉心照顾,却很少关心整日为自己操劳的父母。

为了促使学生将孝敬父母的道德观念转变为关心父母的道德行为,让"孝"与"敬"能真正落后到实处,可以设计一份学生在家操行"一日规",其中包括每天早起必须自己叠被,自己收拾房间,自己烧早餐,还有必须自己动手刷鞋、洗袜子和内衣裤。

制定"双休日家务劳动安排表"。内容包括帮父母买菜,打扫家庭卫生。暑假里我精心设计了假期作文题,如《我给妈妈当帮手》、《我学会了……》、《今天,自己也露一手》。目的在于让学生写自己亲手做的事、亲身经历与感受。

学生热爱父母教育主题活动

"感悟亲情,热爱祖国"主题班会活动方案

1.活动背景

如今的学生大都是独生子女,在父母的呵护中长大,却很少从父母的角度去体谅父母的艰辛与不易,还常常埋怨父母的唠叨、麻烦,怨恨父母不理解自己。特别现在很多独生子女往往只从父母那里索取,对父母的关心和爱视为理所当然,而不懂得去回报父母之爱。比如在家里对父母不够尊重,没有责任心、上进心等。

本次活动选定母亲节和父亲节这两个节日特别是灾区人民需要我们伸出援助之手之际召开,目的是希望帮助学生认识到,自己的一切都离不开自然和他人的恩赐,教育他们从我做起,从身边每一件细微的小事做起,用自己的行动去感恩他人,善待他人。

2.活动目的

（1）让学生了解亲情，体验亲情的无私和伟大，感受中华民族的传统美德。

（2）让学生回报亲情，更多的了解自己的父母，知道父母的不易，理解父母，学会感恩，学会感谢所有应该感谢的人，把对父母的爱付诸实际行动，从而推动学生更加努力的学习，回报家长、老师、社会。

（3）丰富学生的生活和情感积累，激发学生从小有爱心，树立心中有他人，心中有祖国的情感。

3.活动准备

（1）准备节目，搜集文章，收集名言，主持人准备串联词。

（2）制作相关的课件。

（3）邀请父母参加班会活动。

（4）场景设计，渲染环境，奠定情感基调。

（5）挑选男女二位活动主持人：马同学叶同学（简称马、叶）。

4.活动过程

班会正式开始前播放音乐《母亲》主持人在音乐声中入场，主持人开场白。

马：一曲《母亲》把我们带到母亲身边，带到母亲暖暖的情谊中。

叶：是啊，人生在世，谁无父母，谁没有沐浴过父母的养育之恩。一个一个人从呱呱坠地，到长大成人，都不能离开父母的呵护，教诲，影响和扶持？

马：子女的一个个足迹，哪一个不印记着父母的深深情谊；子女的一步步成长，哪一步不浸透着父母的殷殷心血？

叶：父母养育子女，并不仅仅是为了传宗接代，延续生命，更主要还是后浪推前浪，一代胜一代的厚望。

马：父母对子女的感情是人世间最真诚，最无私，最深厚，最崇高的感情。为人子女者，你读懂这份感情了吗？

叶：你读懂这份希望了吗？

（合）："感悟亲情，热爱祖国"主题班会现在开始。

第一篇：创设情境，走进亲情，感悟亲情

马：古今中外，有多少赞颂父母的歌曲；

叶：有多少演绎亲情的故事，有多少讴歌亲情的诗词、名言。

马：同学们知道的有哪些呢？请大家一起来说一说。（主持人请一些同学举例，可以是成语、歌曲、诗歌、名言等）。

马：母爱如海，妈妈，多么亲切的字眼；

叶：父爱如山，爸爸，多么诚挚的称呼。

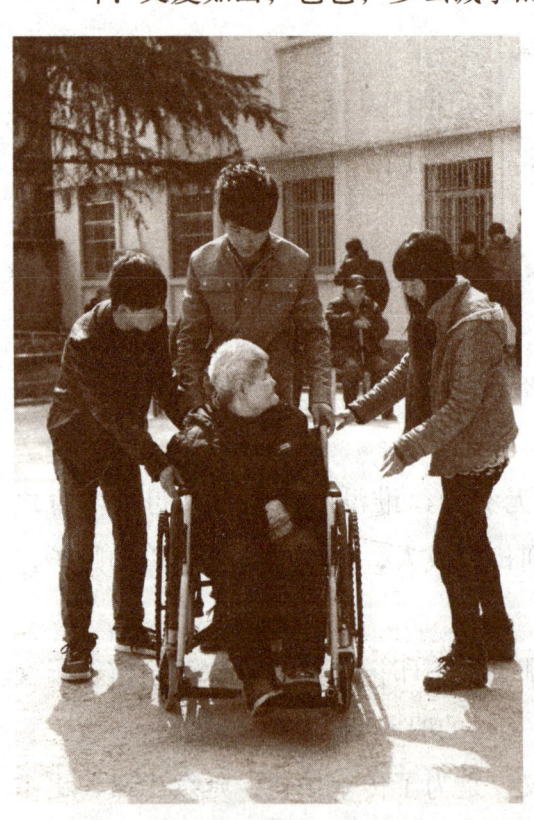

马：接下来我们有请班主任为我们展示一组图片。（班主任事先准备好课件图片，并逐一给同学们介绍每一张图片所隐藏的一个一个动人的亲情故事，接着请同学们欣赏歌曲《天亮了》，班主任在音乐声中介绍动人的歌曲背后一个真实的、催人泪下的故事）

马：每一个画面都让人动容，母爱、父爱，亲情这些都是人生最大公无私、最大的财富。

叶：也许，我们的同学会

说，我们的父母不如他们的父母那样伟大，我们的父母都很平凡，其实，润物无声不也是父母之爱吗？

马：现在，就请同学们用90秒钟的时间父母对自己关爱的一些难忘的事情。并说出来和大家共同分享。

评析：孩子的成长过程凝聚了父母无穷的爱，通过观察，感受父母的辛苦，了解亲情的无私，激发学生回报亲情的动机，引起情感的共鸣。

第二篇：拥抱亲情，体验亲情。

马：我们的生活，父母总是牵牵挂挂，那我们又对关爱自己的长辈了解有多少呢？

叶：我们现在就请到场的同学家长上来和自己的子女做个游戏，测试一下孩子对父母的了解有多少。

家长与同学共同进行小测试，根据测试结果谈自己看法。你是否了解你妈妈？

（1）你妈妈的生日是。

（2）你妈妈的体重是。

（3）你爸爸的身高是。

（4）你爸爸穿码鞋。

（5）你妈妈喜欢颜色是。

（6）你妈妈喜欢水果是。

（7）你妈妈喜欢的花是。

（8）你爸爸喜欢的日常消遣活动是。

评析：让学生亲自去体验、去实践，让学生在实践和体验中体会父母的付出，感受父母抚育我们成长的不易，激发回报父母的情感。

第三篇：回报父母，班主任主持。

（1）学生讨论交流，确定汇报父母关爱的方案。

（2）请有家长参加的同学当着全班同学的面，亲自对父母说自己此时此刻最想说的话。（班主任播放背景音乐《烛光里的妈妈》）

（3）送一份礼物给自己的父母，如自己设计的小贺卡或小制作，一封感谢父母的信……

（4）班主任鼓励学生将自己事先做好的礼物一同送给来参加班会活动的同学的父母，将对父母之爱上升为对同学父母的博爱。

（5）班主任发言："同学们，回报父母的爱的行动不能停止，让我们用实际行动去回报父母的养育之恩，每天为父母做一些力所能及的事情，帮助父母减轻劳累，希望同学们有这样的决心，并且做到持之以恒来报答父母，让我们的父母成为这个世界上最幸福的人。"

（6）家长代表发言。

第四篇：了解灾难，情系灾区。

马：同学们，除了自己的父母外，我们还有一位共同的妈妈，这就是我们伟大的祖国。

叶：正因为有了我们伟大的祖国，我们才可以健康的成长。

马：现在，我们的祖国正经历一场无路可退的巨大灾难，2008年5月12日，一个令人难忘的日子。

叶：在一阵地动山摇的颤抖中，昔日美丽的县城轰然倒塌，随着这一声巨响，曾经的美丽与祥和瞬间消散！（出示灾情图片，并播放背景音乐《希望》）

马：看到这些景象，此时，你想说什么呢？请同学们发表议论。

叶：是啊！面对这场突如其来的灾难，世人震惊了，整个中华大地哭了、全球的炎黄子孙们哭了（留白），可也就是在这些悲痛中，人们马上坚强的站了起来，都向灾区伸出了——（引说）援助之手。

马：在这次救灾过程中，社会上哪些人伸出了援助之手呢？班主任简单向同学们介绍，并结合本班同学的捐款情况进行总结。特别提到尽管家境并不富裕但却省吃简用把零用钱捐给灾区的邓丽娜、陆家纺、邓高万等同学。在爱的教育中弘扬中华民族"一方有难，八方支援"的民族精神，激发学生自强不息、团结互助，互帮互爱的美德。将对父母之爱上升为爱同胞、爱祖国的情感。

祝福灾区："震灾无情，人有情"，"一方有难，八方支援"，在灾难面前我们坚强的站立着，因为"有一种力量支持着我们"，那就是爱，那就是团结的力量！

班主任：此时此刻，你有什么话想对我们的灾区人民说呢？（1~5名学生）

（配乐课件出示）

班主任总结：每一双小手都代表一颗爱心，就让我们手手相连，心心相牵，将这爱的接力赛进行下去，生生不息，永无止境。

班主任：现在请大家拿出我们的"爱心手掌"，在音乐声中将你们的祝福写在上面，然后，把它们贴到我们的"爱心"上，用我们最美好祈祷去祝福我们的灾区人民。

主持人点起蜡烛,全班同学手拿蜡烛,小部分同学站成"心形",跟随《让世界充满爱》的歌曲音乐,齐轻唱,共同为灾区同胞祈福。

5.活动反思

爱心,是照耀世界的温暖阳光;是维系心灵和心灵之间的坚韧纽带……通过这次主题班会,同学们都表明了要好好的回报父母,热爱我们这个祖国大家庭的决心。同学们每个人都有一颗金子般的爱,他们爱自己的父母,更热爱伟大的祖国。相信灾区的人民收到了同学们的款物后一定会对大家的举动表示深深的敬意和谢意。人世间需要爱,只要人人都献出一点爱,世界将变成美好的人间。

"感恩父母"主题班会活动方案

1.活动背景

如今的中学生大多是独生子女,从小被父母呵着护着,从不知

父母生活的艰辛劳累，不知父母的希望和期待。他们总埋怨父母的唠叨、麻烦，怨恨父母不理解自己，但从来不会从父母的角度，去为父母想想，体谅生活的忙碌与劳累。

2.活动目的

（1）让学生了解父母之爱，感受父母之情，体验爱的圣洁、无私和伟大。

（2）让学生学会理解父母，关心父母，孝敬父母，以实际的行动报答父母。

3、活动准备

（1）准备反映母爱和父爱的歌曲《白发亲娘》、《我的父亲母亲》、《烛光里的妈妈》、《慈祥的母亲》、《江河水》《我爱永恒》。

（2）准备《爱进我家》《天下父母心》flash及体现父爱母爱的图片。

（3）准备一篇震憾心灵的母爱故事：《从狼嘴里交换出来的母爱》及一封《一位辛酸父亲的来信》。

（4）主持人准备串联词。

（5）准备有关课件。

4.活动过程

（1）课间播放《爱进我家》（flash）

（2）主持人出场（背景音乐：《慈祥的母亲》）

A：冰冷的冬天，凛冽的风，皑皑的白雪……

B：温暖的阳光，慈祥的您——我的父亲，我的母亲。

A：父亲，你是一米阳光，丝丝缕缕地包裹着我，温暖着我！

B：母亲，你是一缕春风，时时刻刻地抚慰着我，浸润着我！

合：各位老师，各位同学，孝敬父母主题班会现在开始！

感受父母之爱：

B：下面请欣赏著名歌星彭丽媛的《白发亲娘》，并观震憾人心的母爱图片。

A：无论你身在何地，有一个人，她永远占据在你心中最柔软的地方，你愿用自己的一生去爱她；有一种爱，它让你肆意索取，享用，却不要你任何回报……这个人，叫"母亲"，这种爱叫"母爱"。

下面请听一个震憾人心的故事——《从狼嘴里交换来的母爱》。

学生讲故事，播放flash《天下父母心》

B：这是一份惊天地、泣鬼神的母爱；这是人世间最崇高的、最圣洁的、最勇敢的母爱，我面对这样伟大而又无私的爱，我们怎能不为之动容，为之感动呢？而我们生命中所拥有的父爱又何尝不是如此呢？下面请欣赏著名罗立中的油画——《父亲》及朗读赏析。

A：父爱是山，无论你有多大的困难，她总是你依靠的屏障；父爱是路，无论你走到哪里，她都伴你延伸，为你指点迷津，护你一路走好……然而天下不幸的子女啊，却在摧残着我们生命中的守护神。下面请欣赏2004年11月4日《中国青年报》刊登的《一位辛酸父亲的来信》，朗读者：林同学。

学生边听边看信，背景音乐：《江河水》flash。

话说父（母）爱

B：父爱如山，她沉默无语；母爱似海，无时无刻不在包容着你……人生天地间，谁没有自己的父亲，谁没有自己的母亲？但你觉得爱是什么？请以"父爱是……/母爱是……"的格式，谱写一曲爱的诗篇。背景音乐：《我的父亲母亲》《世上只有妈妈好》。

A：看茫茫人世间，听尽沧桑物语，置身于爱的海洋的你，置身于如泉澈，如玉洁的爱河中的我，你感受到这平凡而又珍贵的爱了

吗?

你能否用一颗感恩的心来描述父母对你的爱呢?

真情回送:背景音乐《我的父亲母亲》《我爱永恒》。

B:父爱如灿烂阳光,炽热而光明,她能融化冰川,净化心灵;母爱是盎然的绿草地,芳菲而宜人。然而在日常生活中,为什么我们总会与父母冲突和碰撞呢?请你描述一个你与父母冲突碰撞的故事。

学生诉说,主持人追问:直到今天你想对爸爸、妈妈说什么呢?你想为他们做些什么呢?

主持人可能用到的串联词:在这激动的时刻,我想对你说:既然你有这份真诚的孝心,为什么你不努力学习呢?争取在下次回家的时候,为你的父亲/母亲赢得一份笑容。听了你的倾诉,我们情不自禁的为爱而感动,在这里,我代表全体同学对你说:"无论学习和生活遇到什么困难,我们大家都会帮助你,同时深深地祝福你的母亲/父亲幸福健康每一天。俗话说:虎毒不食儿,其实人心都是肉长的,天下的父母都是一样的,都深爱自己的儿女,只是有些时候我们感到迷惘而不理解罢了。只要我们用一颗感恩的心,善待这份爱,相信雨后的晴空将会更加亮丽动人。

真心的关怀是一杯清茶,但她足以温暖冰封的心;真诚的问候是一根火柴,但她足以照亮一片暗淡的夜空。一株纤

弱的小草，在历经风雨洗礼后，又傲然挺起了不屈的胸膛，相信阳光总在风雨后，面对即将到来的期末考试，你能否为你的父母赢得一份笑容？

聆听着你的诉说，感受着你的感动，我想送给你一句话："没有走不完的路，没有跨不过的山；没有比脚更长的路，没有比人更高的山。"人生的道路上，祝你成功启航！

当代作家毕淑敏说："当我们年轻的时候不懂事，当我们懂事的时候已不再年轻。世上有些东西可以弥补，但有些东西却永远无法补偿。"所以趁我们父母还健在的时候，多一份关心，尽一份孝心。

也许它只是一杯粗茶，也许它只是一碗淡饭，但在爱的天平上，他们等值，因为——孝心无价！

父亲是登天的梯，父亲是拉车的牛，他额上的皱纹是我们刻的；他两鬓的白发，是我们亲手所染。我们一天一天的长天，而父母却一天一天地衰老。理解父亲吧，以我们爱心去抚慰那伤痕累累的心。

唐代诗人孟郊在《游子吟》中写道：

　　慈母手中线，游子身上衣。
　　临行密密缝，意恐迟迟归。
　　谁言寸草心，报得三寸晖。

甲：拥有父爱，我们的躯体不再寒冷，拥有母爱，我们的枝叶常绿常青。

乙：请带着父母殷切的期待，带着自己的梦想，乘上理想之马，挥鞭从此起程。路上春色正好，天上太阳正晴，相信我们的明天会更好。

下面请欣赏男女生大合唱：《明天会更好》

男女生大合唱，播放flash。

甲：歌声缭绕悦耳，激荡人心，我们的心也如东升的旭日，充满着生机和活力。我们相信明天会更好，我们相信我们的父母将会幸福安康每一天！现在我们请学校领导为我们的主题班会画上一个圆满的句号。（背景音乐：《我爱永恒》）

合：我心永恒，我爱永存，为了父母的微笑，我们挥鞭从此起程，相信我们的明天会更好！各位老师，各位同学，《为了父母的微笑》主题班会到此结束！谢谢！

5.活动反思

当代作家毕淑敏说："当我们年轻的时候不懂事，当我们懂事的时候已不再年轻。世上有些东西可以弥补，但有些东西却永远无法补偿。"通过这次班会，同学们懂得了对父母要多一份关心，尽一份孝心。这份孝心也许只是一杯粗茶，也许只是一碗淡饭，但在爱的天平上，他们等值，因为孝心是无价的！不足之处，是现场没有请来学生的父母，让他们当场感受孩子们的孝心，但这只是活动的微疵，相信今后再举办类似的活动，我们一定会做得更好

NO3.校园社会情感教育主题活动指导

学生社会责任感教育指导

一般来说,学生只有首先对个人有责任感,想到自己应该成为对社会有益的人,才会想到应该按社会要求做点什么,从而逐渐表现出对他人、对集体和对社会的责任感。所以从某种程度上说,学生对自我负责也是对社会负责的表现。

担当责任,从平凡走向卓越

实践中,我们是把学习责任感、自我责任感、家庭责任感、社会责任感结合在一起的。你不能说,我这件事情准备培养他的家庭责任

感,那件事要培养他的自我责任感,不是的。

其实人总是在承担各种责任中实现自己的人生价值的。我们提出,进入杭州长河高级中学的学生要有"高远的志向,高昂的志气,高雅的志趣"——这三"志",是学生承担责任的精神基础。

至于"志气",现在很多学生志长气短,甚至有志无气,缺乏一种践行责任的意志力。为了解决这个问题,我们想了不少法子。比如说高一时请学生写下自己高中三年的目标,不只是学习方面的,思想、生活各个方面都要有。

什么叫"地势坤,君子以厚德载物"?就是当你有了高远的志向、高昂的志气和高雅的志趣后,不管暂时是成功还是失败,你都能承载,都有会继续生长的能力,这就叫厚德载物。所以这"三志"就是一个人从平凡走向卓越的基本路径。

从知到行,是一个很大的问题

在培养学生社会责任感的时候,我们常常遇到的一个问题是:理念清楚,但理念要转化为实践,中间就有很大的鸿沟。问题出在哪里?还是出在我们的教育理念、教育思想上。

如何激发学生的情感和意志?开展一个比较独特的活动,凡城市家庭的孩子,在高中三年一定要利用假期,到家是农村的同学家里生活两星期,中国是一个农业大国,大量人口是农民,你去感受一下,真正了解我们的国情,不要生活在一个狭小的圈子里。一个人要对社会负责任,一定是先从对社会有所了解开始的。

我们的城里孩子和农村孩子一起坐公共汽车回乡下,在田里割稻,挖地瓜,摘茧,在水沟里洗衣服,都是自己做。这种体验是非常真实的。只有真实的体验,才能激发感情、强化意志。

平常我们讲社会责任感,总是在文字里、书本中和黑板上,可真正的社会责任感是在社会中,而不是在封闭的校园里产生的啊。也

许学生当时会很不习惯这种生活,但当他回到城市以后,参加工作以后,再去回顾那段经历,慢慢地,他的真切情感会出来:"当时那个家庭我还想再去看看",或者是在城里看到农村来的人,他就会马上想到宏志生家庭贫困的情景、热情招待他的情景,他就会想,"我要关注他、帮助他,他们不容易的"。情感一下子出来了。

责任感教育的方法

现在,多元价值对社会责任感教育的冲击不小。整个社会风气,归纳成6个字:重物质、轻精神。教育也免不了受这股风气的影响。所以我们必须营造一个良好的学校环境,对学生的社会责任感进行潜移默化的影响。最好是整个学校都有一种担当社会责任的文化和精神。培养学生的社会责任感,班主任作用很大。他的文化底蕴越深,人文情怀越厚,他培养出来的孩子才越可能有社会责任感。因为学生每天每时每刻都在接受教育,教师的一言一行,都在熏陶着他们。

学生认识社会教育指导

小学社会课是根据国家教委颁布的课程计划新外设的一门综合性课程。要求指导学生认识一些常见的社会事物和现象，了解一些社会常识；从小培养学生正确观察社会，认识社会，适应社会生活的初步能力；对他们进行爱国主义教育和法制观念的启蒙教育。培养他们对社会的责任感。

社会是由人、社会事物和社会现象构成的。人生活在社会上，每

个人与社会事物和现象之间是紧密相联系的。人的生活基本需要是社会供给的，每个人都必须生活在某一群体之中，人们之间应是互相尊重、互相关心、互相帮助的，现在或将来必须服务于社会，为社会做贡献。

今天的学生将来是社会的主人，今天他们依赖于社会，明天仍然要依赖于社会，同时须服务于社会。所以，指导少年儿童认识社会。教育他们从小尊重人、关心人，培养他们服务社会，为社会做贡献的意识，培养他们对社会的责任感是社会课教学的主要任务。

从社会课知识结构理解社会课的教学要求

小学社会课具有较强的综合性，内容包括社会生活、历史、地理及法律常识四部分。它是以认识社会为主线的。其中社会生活部分要求通过教学，指导学生认识家庭、学校所在社区及社区设施等事物或现象，初步了解个人、家庭和社会的关系，体验自己与群体的关系。

理解如何尊重他人、关心他人、关心社会中各行各业辛勤工作的人们。培养他们从小具有服务于社会的意识；历史、地理知识部分要求在教学中指导学生初步了解家乡和祖国的历史、地理常识，初步知道我国地大物博，人口众多而资源人均占有量少于世界许多国家的国情，知道实行计划生育、环境保护是我国的基本国策。

知道我国有光辉灿烂的文化，知道我国近代受侮辱的历史和中国人民反帝反封建的英勇斗争史，现代社会主义建设成就及改革开放的巨大变化，对学生进行"两史一情"教育，从而激发学生的民族自豪感和建设家乡，振兴中华的情感；法律常识在小学社会课中内容不多，主要是《中华人民共和国教育法》和《中华人民共和国未成年人保护法》。教学中要求学生知道我国有为保护少年儿童的合法权益而设的法律，使他们知道接受九年义务教育是每个少年儿童的权利并受法律保护。

其次还要使儿童知道我国有为保护环境而设的《环境保护法》、《森林保护法》、《野生动物保护法》。有关法制内容是结合思品课中的交通法规和《小学生守则》的学习，教育他们从小遵纪守法，逐步培养他们的法制观念，并知道用法律来保护自己的合法权益。

社会课中的社会生活和《中华人民共和国教育法》、《中华人民共和国未成年人保护法》的有关内容主要安排在第一、二册中，是五年制小学三年级、六年制小学四年级学生学习的主要内容。这部分内容主要反映了人、家庭与社会事物和现象有着密切的联系，并发生着相依存的关系。指导学生正确认识这种种的关系，培养他们适应现代社会生活的能力，是培养学生对社会的责任感的基础。

认识社会关系培养他们对社会的责任感

在社会生活中，常见的社会事物和现象很多很多。每种社会事物和现象都直接地或间接地和每个人发生着某种密切的关系。如学校是每个人学习的地方，商店或市场是人们购买生活必须品的地方；社会

五彩校园文化艺术活动丛书

各种事物都必须有人参加其中的活动，每个家庭的成员又都必须参加社会事物的某种活动；家庭的生活必须品又都是依靠社会供给的。

在这种供求关系中使我们每个人都和社会从事各行各业的人们发生了密切的联系，所以每个人，特别是小学生应从小学会尊重他人、关心他人，逐步学会适应社会生活的能力。使他们明确将来必然要参加社会某种事物的活动中，他们对社会都必将担负建设、改造和不断提高人民生活的责任。

使少年儿童明确他们在社会生活中所处的位置，和哪些人发生了什么样的联系，应如何对待社会事物和从事各种事物的人们，这是社会生活部分教学应注意的事情。

今天的少年儿童，在家庭中是一名成员，他与其他成员一般都是父子、母子关系，当然有的还有爷孙等关系，他们处于晚辈的位置。父母对他们都具有抚养、教育、保护、关心爱护的责任，而接受教育、受到保护、听父母的话、孝敬父母，替父母做力所能及的家务活，家庭成员之间和睦相处，在父母抚养下茁壮成长则是少年儿童的责任；在学校生活在班级群体之中，是这个群体的一名成员，和其他成员之间是同学关系。

同学之间互相关心、互相帮助、努力学习，共同维护班级的集体荣誉，遵守学校的一切纪律是他们的共同责任。明天他们将分别参加社会各行各业的活动，辛勤地工作，这就是他们将来的责任；在社会生活中少年儿童的衣、食、住、行、用等基本需要是社会上各行各业人们分工合作供给的，通过这种供求关系，使少年儿童和从事各行各业的千千万万的工作人员发生了关系。尊重从事各行各业工作的人们，尊重他们的劳动，尊重他们的劳动成果，爱护他们的成果，珍惜我们生活必须品则是少年儿童的责任。

如在《节约用水》一课的学习中，使学生知道人们用的每一滴水的来之不易，它要经过自来水厂广大工人把水源处的水提到贮水池，经过沉淀、过滤、消毒等多道工序处理，再送上高高的水塔，水由水塔流入事先铺设好的自来水管，最后送入厂矿、机关、学校、每家每户等需水的地方。如此繁杂的工作，如此众多的人分工合作才能将一滴滴的净水送给我们使用，满足我们需水的要求。

在用水问题上应教育学生一是要尊重供水工人，尊重他们的辛勤劳动。二是要关心他们，为减轻他们的劳动负担，必须节约使用每一滴水。从另一个角度看，在水充足的时候要节约用水，在供水紧张的情况下更要节约用水。我国现在是一个缺水的国家，用我们所学习的知识来解决缺水问题则是我们少年儿童将来的责任。

通过对社会事物和人际关系的认识，使学生知道没有社会各行各业人们的分工合作，我们是无法得到生活基本需要（衣、食、注行、用）的各种物品的，我们是无法生存的，今天，我们尊重为我们提供生活基本需要的人们，节约使用生活必须品，以后用我们的知识服务于社会，为社会做贡献、为人类做贡献则是少年儿童将来的责任。所以，培养学生对社会的责任感是社会课教学的最终目的。

学生热爱社会教育主题活动

"幸福生活,感恩社会"主题班会活动方案

1.活动背景

随着社会的进步,人们的物质生活越来越丰富,随之而来的精神生活反而枯燥了,而一个民族的振兴需要一代又一代的人们去付出,去努力,去奋斗。只有保持昂扬的斗志,才能实现伟大民族的复兴。感恩是中华民族的传统美德,感恩体现了一个人的基本素养。

心存感恩,能奋发向上。但是现在大部分学生家庭条件的优越,

使学生觉得父母、社会、国家的给予是应该的，面对别人给予的帮助漠然，面对别人的求助无视，即所谓的缺失感恩。因此，作为教育的主阵地，学校应该十分重视感恩教育。

2.活动目的

通过本次主题班会，学生能反思自己过去的行为，让学生感悟社会的给予，在心灵上得到一次震撼，在行为举止上有所体现。

3.活动准备

（1）准备相关的视频文件。

（2）组织学生排练小品。

（3）准备相关的演讲稿。

（4）选定男女两个主持人。

4.活动过程

主持人甲乙亮相。

甲乙：主题班会《幸福生活感恩社会》现在开始！

乙：首先，同学们肯定会很疑惑，为什么不先感谢我们身边的亲人，老师。而先要感谢这同学们认为离我们很远的社会呢？让我们通过这次主题班会来解答这个疑惑吧！

甲：下面请欣赏朗诵《学会感恩》。

甲：晴天的夜晚，星光倾泻，为我们照亮前方。而在阴天的黑夜，我们是否应该点燃蜡烛，帮星星们找回家的路呢？

乙：接下来，让我们用心去体会一段震撼过许多人的视频。

播放视频、副音乐。

乙：这段视频是一位网友制作的，在许多贫困地区，有许多像我们一样大的孩子，没有书读，没有饭吃，没有衣服穿，没有地方住，过着惨不忍睹的生活！而我们，在社会的关怀下，则生活的无忧无虑，我们不用去想怎样维持我们的生计，不用去想我们的衣食住行。

是社会提供给了我们一切，甚至现在连书本费都免了。这是社会给我们的关怀，给我们的照顾。难道我们不应该感激社会吗？

甲：下面请欣赏小品。让我们在小品中体验不同的社会给人们带来的不同的生活。

表演小品《感恩》

甲：感恩是一种生活态度，是一种美德，是一片片肺腑之言。如果人与人之间缺少感恩之心，必然导致人际关系冷淡，所以我们要学会感恩。

乙：下面请欣赏演讲《来自天堂的寓言》

学生上台演讲。

甲：有着一颗感恩的心，乐于把得到好处的感激呈现出来，并回报他人。感恩是因为我们生活在这个世上，一切的一切包括一草一木都对我们有恩情！感恩是一种认同，这种认同应是我们从心灵里发出的。让我们去真正了解感恩的心。

乙：怀着感恩的心，回报社会之恩吧！是社会给我们提供了这样一个美好的时代和自由生活的舞台，更是这个美好的社会让我们有机会学到了许许多多的特长，而我们的同学在这个社会的关怀和支持下，取得了累累硕果。让我们和他们一起分享着些甜甜的硕果！

甲：在这个社会中，也有许多的人默默的感恩着，回报着这个社会大家庭！

互动环节：主持人自由发挥——做游戏，提问。

乙：通过这么长时间对感恩的了解，大家对一开始的问题有了各自的答案了吧，下面请同学们说说自己的想法。

乙：看到半轮红日在云端洒下暖融的曙光，我们会感激这个早晨赐予的希望。

甲：看到一抹晚霞在天边舞动着华丽的光影，我们感激这个黄昏赐予的美好。

甲乙："知恩不报非君子"我们要怀着一颗感恩的心，应该时时、天天、年年直至永远；让感恩应该作为一种习惯，一种美德，在我们心中深深扎根！

结束语：感恩是传承民族文化，从小学会感恩。着看似简单的事，真要实践起来可是很难的。感恩是一种文明，是一种品德。感恩是幸福之道，感恩是我们中华民族的美德。"人能感动，就能幸福"，其实快乐就在你的心田。感恩是社会上每个人都应该具有的基本道德准则。"谁言寸草心，报得三春晖"，从感谢父母做起，感念亲恩。在感恩父母的基础上，我们更应该将感念亲恩扩大为对朋友，社会及国家的感恩！

从对父母、对老师、对朋友说一声谢谢，哪怕是一个会心的微笑，都是对他们的一种赞誉。社会给予我们很多，你能从中感受到，努力学习，做一名诚实守信、有责任感有使命感的公民，是对社会最好的回报。

甲乙：主题班会《幸福生活，感恩社会》到此结束！

5.活动反思

本次班会，同学们的积极性很高，很多同学主动献计献策，向班主任推荐合适的活动安排和讨论人选，有的更是主动要求参加表演，他们积极地利用课外活动的时间进行小品、唱歌、诗朗诵的排练，有的同学因此放弃了很多次午休和就餐的时间。由于这些同学的付出，本次活动收到了很好的效果。只是在班会课开设过程中，有的同学因紧张把很多想说的话都忘记说了，这说明我们以前类似的活动开展得太少了，为此，今后在适当的时候，适当的地方，我们还将以不同的方式开展不同主题的班会活动。

"爱我祖国，感恩社会"主题班会活动方案

1.活动背景

数十年来，有多少感动，有多少梦想，有多少光荣，铭记在中国人民的心里，写进了共和国的历史画卷。为了庆祝中华人民共和国成立60周年，感恩伟大祖国、他人和自然给予自己带来的恩惠，并意欲回馈的一种认识，也就是知恩、报恩。然而现在很多"独生子""小皇帝"都冷眼横对他们的父母、漠视教师的劳动的付出，认为所有人的付出都是应该的。对爱国之情知之甚少，因此"感恩教育"越来越受到人们的重视。值此伟大祖国60大庆之际，在班里组织一次感恩教育的活动，并通过活动使学生们认识到别人的艰辛，认识到我们现在的幸福生活的来之不易。

2.活动目的

（1）了解祖国近代历史，中华民族苦难深重，人民蒙受灾难和耻辱的史实。同时借欢度国庆的契机，对学生进行一次有益的爱国主意教育。激发学生的爱国主义热情，从小培养爱国之情，使其树立报国之志。

（2）感悟爱国注意的深刻内涵，从而明确自己作为炎黄子孙的光荣和作为中国人的责任。

（3）通过班队会课，体会父母、老师的爱与付出。培养学生感恩的心理，学会尊重他人，承担责任，用自己的行动去感恩他人，善待

他人.。

3.活动准备

（1）录音机、磁带、让队员收集父母关心自己的事例。

（2）搜集有关历史事实、图片、歌曲、故事等。

（3）学唱相关歌曲，准备排练相关节目。

（4）选定男女两个主持人。

4.活动过程

全体队员举行队会仪式。班长宣布活动开始。

主持人甲：时间的长河洗刷不掉屈辱的历史。

主持人乙：岁月的风尘掩盖不了光辉的业绩。

主持人甲：60年前的这个时候，千千万万个中国人曾彻夜难眠！

主持人乙：60年后的今天，千千万万的中国人壮怀激烈，荡气回肠！

主持人甲：中华雄鹰在展翅。

主持人乙：中国巨龙在腾飞。

主持人甲：中国人民从来没有像现在这样意气风发。

主持人乙：中国人民从来没有像现在这样欢乐安详。

主持人甲：身为华夏儿女。

主持人乙：同为炎黄子孙。

合：我们为拥有这样的祖国而自豪。

主持人甲：金秋的风吹来丰收的气息，十月的歌声荡漾在美丽的校园，祖国迎来了她的六十岁的生日。

主持人乙：听，这熟悉的歌声，让我们深情地体会到作为新中国少年儿童，是多么的幸福和自豪。请听歌曲《伟大的祖国》。

主持人甲：十一的鲜花绚丽多彩；十一的阳光和煦温暖。美好的日子里，我们不会忘却烽火硝烟的抗战岁月；美好的日子里，我们一

起唱响那首首烽火战歌。共同去感受先辈曾经的激情，一起用歌声唱响我们的爱国情!请听配乐诗朗诵《祖国，我爱你》。

学生1：我爱你叮咚的驼玲，是它让丝绸之路源远流长

学生2：我爱你嫩绿的草芽，是它覆盖了隔壁沙滩的荒凉

学生3：我爱你乡间的牧笛，是它把五彩的音符撒向四方。

学生4：我爱你都市的高楼，是它把人民的理想投向太阳。

学生1：我爱你长江的碧波，是它把56个民族的心曲弹奏。

学生2：我爱你黄河的波涛，是他把13亿人民哺育抚养。

学生3：我爱你雄伟的长城，是它挺起了中华儿女的脊梁。

学生4：我爱你巍巍的黄山，是它展现了祖国的秀美端庄。

学生1、2：我爱你高原的旷达，是它袒露出炎黄子孙的豪放。

学生3、4：我爱你开放的窗口，是它让文明的花朵争吐芬芳。

学生1、2：我爱你改革的浪潮，是它把贫穷落后的帽子脱掉。

学生3、4：我爱你智慧的头脑，是它领回了四大发明的金奖。

学生1：我爱你勤劳的双手，

学生2：是它为现代化的祖国打扮梳妆；

学生3：我爱你五色的风帆，

学生4：是它让世纪之船鸣笛远航！

主持人甲：我们要学会感恩，感恩不像我们想像的那么遥不可及。它做起来很简单。当他人向你投来美好的目光时，你要回赠一个亲切的眼神，当得到他人帮助时，你要投去一个甜甜的微笑，当受到他人鼓励时，你要说："谢谢，我会努力的。"同学们，你们知道人为什么要感恩？

（同学回答）

主持人乙：是啊，在人生旅途中，我们首先要感谢的是我们的爸爸妈妈，是他们给了我们生命。

主持人甲：当我呱呱落地，

主持人乙：就迎来了爸爸、妈妈灿烂的笑脸！

主持人甲：爸爸的微笑，就像暖流涌进了我们的心田！

主持人乙：妈妈的微笑，就像人生的第一首歌谣！

合：从此，你们日日夜夜陪伴着我们。

主持人甲：是谁教会你学会第一句话？

主持人乙：是你呀，亲爱的妈妈！

主持人甲：是谁教会你迈开了第一个步伐？

主持人乙：是你呀，敬爱的爸爸！

合：你们就是我启蒙的严师。爸爸、妈妈，今天就让我们来赞美你们——

全班：爸爸、妈妈我爱您！

主持人甲：爱表现在父母身上是那样的真切。父母的爱是遮雨的伞，父母的爱是一阵清凉的风，父母的爱是滴落的泪水……

主持人乙：请听配乐诗朗诵《妈妈的爱》。大家欢迎！

妈妈，好想对你讲，我的心因你而如此地痛苦着。因为有太多的话要对你说。然而，怎奈我笨拙的笔和口，无法将它传达。你对我的爱，无法形容，无微不至，又无处不在。太熟悉，以至深入骨髓，只可体味，不可表达。你的爱，似那滔滔热浪，注入我涌动的血液，溢满我生命的长河。你的爱呵，似那团团烈火，我愿化着飞蛾，不顾一切，扑向她！

《父爱无言》：谁用虬劲的手臂，为我撑起一片无邪的天空。没有风，也没有雨，谁赠我遨翔的双翅，搏击长空。而我，始终飞不出那一双牵挂的眼神，没有回头，我在飞翔，飞翔……是我的愿望，来自深夜的一声咳嗽，叩醒我沉睡的心灵，以及那曾经漠视一切的眼睛，我听到筋络退化的声音，我听到皱纹肆意绽放的声音，我听到黑发脱落的哀怨，这一刻，我哭了，不是出于悲伤，只为曾有的懵懂。

男：有了泥土，嫩芽才会长大；

女：有了阳光，春芽才会开花；

合：我们的成长离不开您呀——亲爱的爸爸妈妈……

主持人乙：父母给了我们生命，给了我们浓浓的爱，我们应该首先感谢他们。

主持人甲：爸爸妈妈是把生命给我们的人，他们用世上最无私的爱养育我们，使我们长大成人。

主持人乙：父母是我们的第一任老师，老师给了我们知识，春蚕到死丝方尽，蜡炬成灰泪始干，老师传授知识，讲授道理，也像爸爸妈妈一样关心我们的成长，从他们发黑的眼圈和疲惫的面容，就知道他们每天有多辛苦。亲爱的同学们你们能说出你看到老师们为我们做了哪些？

（学生回答）

主持人甲：老师我们非常感谢您为我们所做的一切，我们想大声的向您说一声

全体同学向老师说：老师您辛苦了！

主持人乙：尊敬老师一直以来也是我国传统的美德。从古至今，历史上的伟人是怎么尊师重道的呢？

学生讲故事。

主持人甲：同学们人生的路上，老师永远是那盏最亮的指路灯，千言万语都说不完我们对老师的感谢。那么，就让我们用一首歌表达我们对老师的感谢吧！请欣赏《每当我走过你窗前》（合唱）

主持乙：是啊，多少个深夜，大家都睡觉了，老师您还在为我们批改作业，准备教案。这不是为了得到谁的赞扬，只是为了我们能健康快乐地成长。让我们真挚的说一声：谢谢您，老师。请诗朗诵欣赏：《谢谢您，老师》

谢谢您，老师

是谁,播下万古远点的梦幻?

是谁,耕耘遍野燃烧的心愿?

是您,我们敬爱的老师!

您将青春融入滴滴烛泪,记下了人类永远的赞叹。

流淌的汗水和心血啊,在校园里希望浇灌。

您用青春写出无悔的人生。

您用真情谱写世间最壮丽的诗篇;

您的爱,我们永远也报答不完,

让我们深深地向您鞠一躬,真挚的说一句——

谢谢您,老师。

主持人甲:共和国的昨天,有辉煌的历史;共和国的今天,生机勃勃;繁荣富强的明天,则要靠我们去创造。明天,我们是国家的主人,是祖国的栋梁。那时候,我们都在干什么呢?

主持人:感恩充实着我们的生活,感恩,塑造着我们的心灵;感恩,使世界美丽;感恩,让我们拥有爱心。让我们怀着一颗感恩的心,去感谢父母,老师,同学,去感谢生活中的点点滴滴吧!

主持人甲乙:主题班会《爱我祖国,感恩社会》到此结束!

5.活动反思

本次活动进行得很成功。通过这次活动,同学们基本上了解祖国近代历史,知道了中华民族苦难深重,人民蒙受灾难和耻辱的史实。同时借欢度国庆的契机,对学生进行本次有益的爱国主意教育,也激发了学生的爱国主义热情,使他们从小树立起报国之志,明确自己作为炎黄子孙的光荣和作为中国人的责任。但由于场地的限制,本次班会还没有将同学们的才智充分发挥出来,我们今后将在这方面给予改善,努力将此类活动办得丰富多彩。

纪律行为的内涵和特点

纪律就是为维护集体利益并保证工作进行而要求成员必须遵守的规章、条文。纪律做为一种人们的行为规则，是伴随着人类社会的产生而产生，伴随着人类社会的发展而发展的，因此具有历史性的特点。纪律既然是维持人们一定关系的规则，要求一定集体成员必须执行。那么，它就必然带有强制性。

纪律的三种基本涵义
一般来说，纪律有三种基本涵义：纪律是指惩罚；纪律是指通过

施加外来约束达到纠正行为目的手段；纪律是指对自身行为起作用的内在约束力。

这三层意思概括了纪律的基本内涵，同时也反映出良好纪律的形成过程是一个由外在的强迫纪律逐步过渡到内在自律的过程。

纪律的特点

纪律是在一定社会条件下形成的、一种集体成员必须遵守的规章、条例的总和，是要求人们在集体生活中遵守秩序、执行命令和履行职责的一种行为规则。纪律具有社会性、历史性，阶级性和强制性的特点。

1.纪律的历史性

纪律做为一种人们的行为规则，是伴随着人类社会的产生而产生，伴随着人类社会的发展而发展的，因此具有历史性的特点。在原始社会里，人们在共同生活中养成集体行动的习惯。他们总是成群结队地寻食打猎，如果没有一定的行为规则，就无法进行协同活动，甚至连抵御野兽的侵袭也不可能。随着生产力的发展，特别是随着大工业革命的到来，生产越社会化和现代化，分工越精密，协作越广泛，纪律就越重要、越发展。

2.纪律的阶级性

纪律既然随着人类社会的发展而发展，那么，当人类社会出现阶级以后，纪律就必然打上阶级的烙印。纪律是统治阶级的权利和意志的体现，各阶级总是按照他们的需要，运用手中的权力，制定出一定的纪律。所以，纪律在阶级社会里具有鲜明的阶级性。

3.纪律的强制性

纪律既然是维持人们一定关系的规则，要求一定集体成员必须执行。那么，它就必然带有强制性。纪律是以行为的限制、以服从为前提的。无论是象征着统治阶级权力和意志的政治纪律，还是反映社

化大生产规律的各行各业的职业纪律;无论是维护社会正常秩序的规章制度,还是机关团体的各种公约章程,都具有强制性。一定集体的纪律一经制定,每个成员就必须执行,违犯了纪律,就要受到批评或者惩罚。

  有一次,列宁到一个地方开会。走到会场门口,被卫兵挡住了,要检查他的证件。后边走来一个留小胡子的人,向卫兵说:"这是列宁同志,快放他进去!"卫兵回答说:"我没见过列宁同志。再说,不管是谁,都要检查的,这是纪律。"列宁出示了自己的证件,卫兵一看果然是列宁,马上敬礼说:"对不起,列宁同志,请您进会场吧!"列宁握着卫兵的手说:"我们每个人都要遵守革命的法规,卫兵同志,你履行了自己的职责,做得很对。"列宁自觉遵守纪律的行为和卫兵一丝不苟的精神,都充分体现了社会主义纪律的高度自觉性。

学生遵守纪律的重要性

纪律是一种规则，是指要求人们遵守业已确定了的秩序、执行命令和履行自己职责的一种行为规范，是用来约束人们行为的规章、制度和守则的总称。任何一个社会、一个国家、一个政党、一个军队都有维护自己利益的纪律，古今中外，概莫能外。

一个工厂如果没有劳动纪律，工人们各行其是，这个工厂就会乱乱糟糟，生产就会陷于瘫痪。一个城市如果没有交通纪律，居民们在街上随心所欲，你骑自行车乱闯红灯，我驾汽车横冲直撞他步行随意穿越马路，那么这个城市的交通状况必然是一片混乱，交通事故带来的不幸就会降临在许多人的头上。

青年人都向往自由，而纪律又是以约束和服从为前提的，因此有些青年人便产生了误解，认为遵守纪律和个人自由是对立的，要遵守纪律就没有个人自由，要个人自由就不该有纪律的约束。纪律和自由，从表面上看，二者好像是不相容的，实际上却是分不开的。遵守纪律，才能使人们获得真正的自由；不遵守纪律，人们就会失去真正的自由。

凡是纪律，都具有必须服从的约束力。任何无视或违反纪律的行为，都要根据性质和情节受到程度不同的批评教育甚至处分，就是说，纪律是严肃的，它带有一定的强制性。同时，纪律又需自觉遵守。只有自觉纪律才是铁的纪律。这是因为，纪律同法律、道德虽然

同属行为规范，但它们的作用范围不同，纪律介乎于法律和道德之间。

纪律与道德的不同之处，在于纪律具有强制性的要求，但这种强制性又比法律弱些，而自觉性的要求则比法律强些。所以，遵守纪律还需建立在自觉的基础上。

纪律属于道德的范畴。一个人如果不遵守纪律或无视纪律的约束，那就是没有道德。一个人的纪律性如何，能够直接反映出他们的思想道德水平。惟有思想道德高尚，对纪律的重要性具有深刻的理解，且具有执行纪律、维护纪律的高度自觉性、坚韧性和坚强的意志品质，才能经得住纪律的考验，甚至视纪律比自己的生命还珍贵。

事实表明，具有高尚道德情操和高度文化素养的人，有着高度自觉的纪律性；而道德品质低下、没有文化素养的人，往往是一个不能自觉遵守纪律的人。遵守纪律，就需要加强自己的道德修养和文化修

养，从思想上认识到遵守纪律的重要性，增强自己对社会的义务感。同时，要自觉地遵守纪律，不论大事小事，凡是纪律要求做到的，就坚决去做；凡是纪律所禁止的，就坚决不做；在没有人监督和别人不知道的情况下，同样遵守纪律，养成遵守纪律的习惯，使遵守纪律成为我们的自觉行动。

学校的基本纪律规范是为了维持学校正常的教学工作和生活秩序，使学校的教育管理工作规范化、秩序化，同时也为了给广大学生创造一个良好的成才环境，培养学生良好的行为习惯，促进德智体诸方面发展而制定的，这是每一个学生必须了解和必须遵守的行为准则。

学生的主要任务是学习，在校期间必须要按时参加教学计划规定和学校统一安排组织的一切教学活动。注意课堂礼仪，遵守课堂纪律，认真听课，不迟到、不早退、不旷课；尊敬师长，勤奋学习，认真参加每一项活动。

校园是学校学生学习、生活及活动的重要场所。为维护校园的正常秩序，创造整洁、优美、安静、安全的学习、生活环境，学校制定了相应的规章、制度、条例等管理办法，这是对学生的生活、行为的纪律规范。学生必须严格遵守校内的公共秩序，爱护公共财物，讲究文明礼貌，注意公共卫生，不做违法违纪的事，树立良好的道德风尚。

以上这些行为准则，可以说是学生的学业道德规范，它涉及到生活的各个方面，对学生的行为起着导向调节作用。但是，这种作用只有通过学生的行为自律才能得以发挥。

因此，我们应该认真学习掌握这些道德规范，把它内化为自己的道德需求，转化为自己的自觉行动，这是学生行为自律的深刻含义之一。

学生遵纪守法教育主题活动

"遵纪守法，从我做起"主题班会活动方案

1. 活动背景

随着我国经济的不断发展，学生的生活也在一天天的发生着改变，在他们的身边也随之出现了形形色色的不同群体或个人，这些人的行为有时会侵犯到学生的权利，如果学生不懂法，也同样地会侵犯到别人的权利。为了增强学生的法律意识，培养他们遵纪守法的能力，某班特地举行了这场以《遵纪守法，从我做起》的主题的班会，旨在通过这种形式来了解掌握法律法规常识，以达到使同学们自觉遵守法律法规的目的。

2. 活动目的

通过这次主题班会活动，学生能明白遵纪守法的重要性，知道运用法律武器保护自身的权益，树立起遵纪守法要从点滴的小事做起的法律意识，教育学生养成自觉遵守和维护法律法规的良好习惯，培养抵抗违法犯罪的能力。

3. 活动准备

（1）准备有关的法律知识材料。

（2）收集有关的遵纪守法案例。

（3）班会活动前由值周班长负责布置好场地。

4. 活动过程

五彩校园文化艺术活动丛书

主持人甲：同学们，当你在上学路上与人擦肩而过时；当你在校园里与别人发生争吵时；你是否想到"侵权"两个字？

主持人乙：这些都是法律法规所涉及的内容，同学们都知道哪些法律法规及校纪校规呢？

主持人甲：为了自己和他人的安全，为了每个人幸福和欢乐，让我们多掌握一些法律知识吧。首先，我们以小组为单位进行法规知识竞答。

《中华人民共和国未成年人保护法》实施的时间？

答案：《中华人民共和国未成年人保护法》自1992年1月1日起施行。

《中华人民共和国义务教育法》实施的时间？

自1986.7.1起施行。

答案：《中华人民共和国预防未成年人犯罪法》实行的时间？（自1999年11月1日起施行）

未成年人需要预防哪些不良行为？请列举九种不良行为

学生在校要遵守哪些校纪校规？

答案：如：《中学生日常行为规范》《顾路中学学生一日常规》《学习常规》《作业常规》《行为规范管理条例》《文明礼仪要求》等等。

中学生日常行为规范具体有哪些要求？

主持人乙：通过刚才的知识竞答，可以看出同学们善于动脑，积极思考，知道了一些法规知识及在校的一系列规章制度，下面，就让我们把身边发生的事情表达出来，让同学们分析这些行为。

主持人甲：我们每天都要与他人接触，我们只有增强法律意识，知道用法律维护自己尊严和他人的权利，我们才能有安全、和谐的学习生活环境。下面让我们欣赏一个小品《都是冲动惹得祸》。

主持人乙：小品中反映了哪些违法行为？想想我们身边有没有其他不文明的行为？

主持人甲：同学们的发言都很精彩。其实违法犯罪对我们个人、对社会、对家庭都有很大的影响，那我们应该怎样预防违法犯罪呢？

主持人乙：接下来，以抽签的方式，被抽到的同学说一说如何遵纪守法？

主持人甲：同学们的演讲，都很精彩，下面让我们再欣赏一个小品《闯红灯》。

主持人乙：首先请一个同学说说编这个小品的用意。同学们观看以后，懂得了什么道理呢？

主持人甲：法律这简单的两个字已告诉我们如何去做了。法，是依法；律，是律己。法律就是依法律己。千万不能闯这个红灯，否则就是害人害己，后果不堪设想。

主持人乙：我们作为祖国未来的主人，新世纪的一代，我们应学习、认识并了解法律，未来的社会没有法盲立足的机会。

主持人合：让我们一起走进法律里，去认识它，探知它，为我国依法治国做一份应有的贡献吧！

主持人乙：下面请班主任老师总结。

班主任：刚才同学们的表现都非常好，都能积极参与，特别是自编自演的小品十分精彩，同学们从中感悟到了许多道理。目前世界各国也包括我们国家青少年违法犯罪的现象日益严峻，青少年违法犯罪给我们国家、社会、家庭以及青少年自身都带来了非常大的危害，青少年一旦违法犯罪毁灭的可能是自己的一生、一个家庭甚至是多个家庭。所以我们学校开展法制教育主题班会很有必要，也很及时。对于一些意志力薄弱的同学，明辨事非能力差的同学此时就容易受外界环境的影响而出现不良行为。

因此，这就要求我们每一位同学都要具有抵抗违法犯罪的能力，对于同学们具体应该怎样做，注意什么问题，我想强调以下几点：

第一，严格遵守《中学生守则》和《学生在校一日常规》，《守则》和《常规》具体地告诉我们同学怎样来规范自己的行为，同学们应该经常对照《守则》和《常规》来反思自己的行为，及时纠正自己的错误。如果同学们都能够按照《守则》和《常规》的来做，那么同学们就离违法犯罪一定会很远很远的。

第二,慎重交友。俗话说:"近朱者赤,近墨者黑"就是这个道理,通过案例可以看出,不少青少年走上违法犯罪的道路原因之一就是交友不慎,在所谓的"哥们""朋友"的一步步带领下使他们不知不觉的走上了违法犯罪的道路。希望每一位同学都能够擦亮眼睛,寻找对自己真正有帮助的朋友,多结交品德良好的同学。

第三,三思而后行。常为一句话,一些鸡毛蒜皮的小事大打出手,互不相让,最终酿成悲剧。通过案例可以看出,青少年违法犯罪突发性强充分说明了他们做事冲动,不考虑后果,因此同学们在做任何事情之前一定要三思而后行,想想这样做会给他人带来什么后果,又给自己带来什么后果。因为每一个人都要对自己的所作所为要承担责任的。

遵纪守法是我们每个人做人的最底线,希望通过这次班会能够增强同学们的法律意识,人人成为遵纪守法的好学生。

5.活动反思

这堂主题班会采取丰富多彩的活动形式,有法律知识竞答;有自编自演的小品表演;有同学准备的《遵纪守法从我做起》的发言交流。老师要求每位同学写好发言稿,经过老师批改后再誊写,让每位同学作好充分的准备以便被抽到,有充分的自信展现自己的风采。

小品表演完全是由同学自编自演,取材新颖,生动形象,从同学导演的用意及同学们领悟的道理上看,这种教学效果远远超过老师的讲述,真正体现了学生的主体地位。班长宣读的这份宣言书是在学生写得发言稿中受到了启发,觉得这种荣辱观应该在班级中宣扬,让每位同学签上自己的名字,代表承诺,更有警示作用。

美中不足的是法律知识竞答这一活动环节没有充分的开展,可能刚开始同学比较紧张,没有准备好,主持的两位同学没有给同学们思考的时间,有点仓促。总之,本堂法制教育主题班会活动形式多样,教学效果明显。

"学生模拟法庭"主题班会活动方案

1.活动对象

本次活动的主题是预防学生违法乱纪,活动内容叫"模拟法庭"。由于模拟法庭对学生掌握法律知识、口头表达能力、组织能力要求比较高,建议此主题班会最好在初二及以上年级进行,班主任要精心准备,最好能够联系有关法律人士对学生进行指导,否则很难达到效果。

2.活动背景

如果小孩考试没能达到父母所要求的分数,家长对孩子拳打脚踢,这算不算违法?若算,该不该去告他们?假如小痞子强行要钱索物,用刀子捅他算不算正当防卫?不让中学生进网吧、游戏机厅等场所,是不是消费歧视……一项调查结果让老师们吓了一跳:原来中学

生们竟有这么多的法律困惑，而他们对问题的理解又是似是而非。

在回答"是否希望获得相关法律知识"时，100%学生作了肯定的答复。调查还显示，80%的中学生表示对法律问题感兴趣。这一结果也大大出乎家长和老师的意料。

而与此同时，学习压力大、考试竞争激烈、家长望子成龙、社会变化快……中学生所面临的压力一点不比成人小，而他们的世界观、心理尚未成熟，容易走极端，特别是眼下不少所谓"好孩子"犯罪现象增多，未成年人犯罪案件呈逐年上升趋势，犯罪年龄也向低龄化发展。这些问题说明，正视中学生们的现实问题、加强中学生法制道德教育，扶正倾斜的太平，已到了刻不容缓的地步。

陶行知先生说："从生活与教育的关系上说，是生活决定教育。从效力上说，教育更通过生活才能发出力量而成为真正的教育。"社会化是一个社会得以自上而下延续的关键，若不能按统一的行为规范去实现人的社会化，社会就不能协调发展，而教育正是承担了使每一个社会成员社会化的重任。对青少年的法制教育在其中的意义自不待言。

青少年法律素质的培养应当因材施教，围绕法律思想、依法治国理论、法律规范知识和法律运用能力等几个方面来进行。

3.活动目的

（1）通过参与模拟法庭活动，让学生初步了解法庭审判的基本程序与常识，进一步巩固法律知识，增强法律意识。使学生感受到法律的庄严与公正，学会运用法律武器维护自己的合法权益。通过活动引导学生全面了解庭审工作，培养学生的思维能力和表达能力。

（2）使学生认识到我国正在实施依法治国。而诉讼是维护合法权益的最正规、最权威和最有效的途径。

4.活动准备

组织学生在活动前搜集、学习有关庭审知识。书面准备起诉书、

辩护词等法律文件。对学生进行辩论训练,提高学生口头表达能力,体现庭审中以事实为依据,以法律为准绳的基本原则。分配学生分别扮演诉讼参与人。布置教室,气氛应庄严肃穆。

5.活动过程

(1)书记员首先宣布法庭纪律(略)。

(2)宣布开庭。

审判长:传被告人到庭。

审判长:某某法院现在这里依法开庭审理人民检察院提起公诉的被告人抢劫案。审理本案的合议庭由审判员、组成,由我担任审判长。书记员担任法庭记录。

审判长:被害人出席法庭。

审判长宣布当事人、法定代理人在庭审过程中享有的权利。

(略)

审判长:今天法庭审理分四个阶段进行,第一阶段法庭调查;第二阶段法庭辩论;第三阶段被告人最后陈述;第四阶段当庭宣告判决。

(3)法庭调查

审判长:现在开始法庭调查。(由于班会课的时间限制,在实际操作中,这一环节可以省略)

审判长:首先由公诉人宣读起诉书。

(公诉人宣读起诉书。)

审判员:被告人,刚才公诉人宣读的起诉书你听清楚了没有?

被告人：听清楚了。

审判员：起诉书指控你犯罪的事实，你认为是不是事实，你有什么要陈述的？

被告人：我认为我的行为虽然违法，但不足以构成抢劫罪，具体的内容我想请律师陈述。

审判长：现在被害人可以就起诉书指控的犯罪事实进行陈述。

（被害人陈述。陈述词略）

审判长：现在由控辩双方发问。

（在讯问、发问过程中，如果讯问或发问的内容与本案无关的，审判长要及时制止；如一方对另一方讯问、发问的方式、内容提出异议，审判长应视情况表示是否支持，并对不当的行为进行制止；合议庭成员如认为有必要，可以讯问完毕后作补充讯问、发问。）

审判长：现在由公诉人向法庭举证。

（在实施过程中这一环节可以省略）

（4）法庭辩论

审判长：法庭调查结束，现在开始法庭辩论。

审判长：现在由公诉人发言。

公诉人：公诉人认为：根据刑法第263条对抢劫罪的规定：以暴力、胁迫或者其他方法抢劫公私财物的，处三年以上十年以下有期徒刑，并处罚金；有下列情形之一的，处十年以上有期徒刑、无期徒刑或者死刑，外处罚金或者没收财产：（一）入户抢劫的；（二）在公共交通工具上抢劫的；（三）抢劫银行或者其他金融机构的；（四）多次抢劫或者抢劫数额巨大的；（五）抢劫致人重伤、死亡的；（六）冒充军警人员抢劫的；（七）持枪抢劫的；（八）抢劫军用物资或者抢险、救灾、救济物资的。被告人以非法占有为目的，用对公私财物的所有人、保管人或其他在场人当场实施暴力、以当场实施暴力相胁迫或者采用其他当场侵犯人身的方法，迫使被害人当场交出财物或者当场夺走其财物的行为，手段恶劣，社会危害性强，已触犯了《中华人民共和国刑法》第263条的规定，构成抢劫罪。请合议庭依据本案的事实和法律作出公正判决。以下几点请合议庭评议时予以考虑：

本案事实清楚。被告的行为已经侵犯了被害人的人身、财产安全。而且还应该看到被害人是尚未成年的初中学生。被告的行为还对其心理造成了极大的伤害。据被害人陈述，被侵害后其学习成绩明显下降，甚至不敢上学，晚上常从噩梦中惊醒，被告的行为还在社会上造成了恶劣的影响。一度让某某市二中的很多家长护送学生上、放学。由此可以看出被告行为的社会危害性严重，不惩治不足以平民愤。对被告人来说，被告人还很年轻，今后的路还很长。本着惩前毖后的原则，对其进行处罚也能够让被告悔过自新，重新做人。

审判长：请辩护人发言。

辩护人宣读辩护词。

抢劫案的辩护词

审判长、陪审员：

根据我国宪法第41条规定："被告人有权获得辩护"。根据中华人民共和国刑事诉讼法第32条第1款的规定，我接受抢劫一案的犯罪嫌疑人的委托，担任他的辩护人，为他进行辩护，出席今天的刑事审判庭进行辩护。我认为：市人民检察院对被告指控的事实是不正确的。根据我的调查和我国刑法第十条的规定，属于情节显著轻微，危害不大的，不是犯罪行为；因此，应宣告无罪。我的辩护理由是：

一、公诉人引用法律有误，本案所定的罪名不确切。虽

然公诉书中提到的本案发生的经过经认定与事实没有出入，我的当事人也承认不讳。但是这种行为只是一种敲诈勒索的行为，属于一般违法行为，虽然应受到法律的追究，但只应该承担行政处罚，而不应该被定为"抢劫罪"。这是因为：

根据我国《刑法》第267条：抢夺公私财物，数额较大的，处三年以下有期徒刑、拘役或者管制，并处或者单处罚金；数额巨大或者有其他严重情节的，处三年以上十年以下有期徒刑，并处罚金；数额特别巨大或者有其他特别严重情节的，处十年以上有期徒刑或者无期徒刑，并处罚金或者没收财产。携带凶器抢夺的,依照本法第263条的规定定罪处罚。在本案中,我的当事人没有使用凶器对被害人进行威胁、人身伤害。而且除了第一次从被害人身上获得了6元钱外,其他都是被害人自己从家中拿出来的,不符合"当场实施暴力、以当场实施暴力相胁迫或者采用其他当场侵犯人身的方法,迫使被害人当场交出财物或者当场夺走其财物的行为"的构成抢劫罪的要件。所以不能定为抢劫罪。

另外,在本案中经认定,我的当事人只从被害人处非法获取了人民币823元及一部电子辞典,如果折合成人民币,尚不足1000元。根据(2000年4月28日最高人民法院审判委员会第1113次会议通过)法释[2001]1号《最高人民法院关于敲诈勒索罪数额认定标准问题的规定》,也达不到敲诈勒索罪的认定。我的当事人的行为虽有一定的社会危害性,但这种行为不是犯罪行为,而是一种在现在学生中存在较多的敲诈勒索的一般违法行为。这种行为只应受到行政处罚。

第二,我的当事人虽已成年,他的行为,究其原因,虽与他主观上不思进取、毫无法律意识有关,但也不可否认他周围环境对他的影响很大。案发后他已经认识到了其行为的危害性,态度较好。审判长、陪审员,我的当事人虽然犯了法,但只有22岁,今后的路还很长。如果被定了抢劫罪,受到了刑罚处罚,何谈前途?何谈幸福?

审判长、陪审员,纵观全案的所有情节以及前因后果,我认为,此案的性质并未达到犯罪的程度,是属于敲诈勒索的一般违法行为。被告人所造成的伤害后果,也并不严重。被告人虽然违反了相关法律,但本着治病救人的原则,由公安机关采取行政措施予以解决,完全可以达到教育的目的。

起诉书以犯有抢劫罪的单方指控,没有体现"法律面前人人平等"的原则,也不利于调整人民内部矛盾。据此,我建议法庭对被告宣告无罪,予以释放,交由公安部门处理。

陪审员:被告人是否同意辩护人发表的辩护意见。
被告:同意。
审判长:公诉人对被告人的辩护人发言有什么意见?
(公诉人针对辩护进行驳辩。)

公诉人辩驳词

我认为辩护人的辩护是不确切的。对抢劫罪,刑法第263条给出的定义是,指以非法占有为目的,以暴力、胁迫或者其他方法强行占有公私财物的行为。辩护人认为"抢劫"必须是"当场获取财物",非"当场"就不构成此罪。

这种认识是不对的。我们对"当场"一说的理解是，既非当场，那么受害人就有了一定的自由时空，可以去寻求法律的保护等，在此情况下，仍对犯罪嫌疑人以抢劫罪追究就不适当了。

但是"一定的自由时空"对完全行为能力人而言是有意义的，而当受害人是限制行为能力人时，这个"自由时空"的意义就不大了，甚至没有了任何的意义。在本案中，受害人是初二学生，针对未成年人而实施的强行索取"保护费"的行为，不应以"当场"作为客观要件。对抢劫罪，由于只要实施了抢劫行为，不论是否劫得财物，劫得财物多少，均构成该罪，这就体现了立法者更侧重的是对人身权利的保护，以抢劫罪论处也才能给予未成年人以切实的保护。

对那些为索取财物而对未成年人的身心健康造成严重危害的行为，如果不能施以刑罚，刑法对公民人身权利的保护也就不能充分体现，危害未成年人身心健康的行为也不可能受到有效遏制。因此，不能因为犯罪主体的因素而影响此类罪状的定性。

第二，对于辩护人所说，被告的行为是由于其没有认真学习，毫无法律意识引起的，这一点也不能成为不受刑罚处罚的理由。作为成年人没有法律知识、法律意识，只能说明其愚昧无知，而不能作为推卸其犯罪而应承担的责任的理由！

第三，辩护人认为被告人还年轻，其走上犯罪道路与其他客观因素有一定的关系。所以，如对其进行刑罚处罚有可能影响其一生的发展。这一点也是站不住脚的。中国有句俗话："种瓜得瓜，种豆得豆"，一个人必须为其行为承担

责任！一个人的思想、行为是受到外部因素的影响的，但从事物的发展来说，"外因是事物变化的条件，内因是事物发展的根据，外因通过内因而起作用"，"苍蝇不叮无缝的蛋"。

被告人不能推卸自己的责任！如果仅是由于被告人年轻、无知就可以免受惩罚，那么公理何在？正义何在？包括被害人在内的公民的合法权益怎样得到保护？社会利益怎样才能够被维护？所以，必须追究被告人的刑事责任。

审判长：辩护人对公诉人发言有什么意见？

辩护人：我只是想再次提请合议庭鉴于被告人的犯法行为较轻，对社会、对（被害人）也没有造成重大危害，并且其认罪的态度较好。请合议庭对被告免于追究刑事责任。

审判长：公诉人还有什么要补充的吗？

公诉人：没有。

审判长：辩护人还有什么要补充的吗？

辩护人：没有。

审判长：法庭辩论到此结束，现在由被告人做最后陈述，被告人，你最后还有什么要向法庭陈述的。

被告人陈述

我自己很后悔，希望采纳律师的意见对我从轻处理，给我一个改过自新的机会。

审判长、受害人，我以前看电视，也看到过法庭审判。以前看的时候没有什么感觉，今天我却作为被告站在这里，接受审判。真是后悔莫及，等待我的将是漫漫的铁窗生活。

五彩校园文化艺术活动丛书

青春对别人来说是锦绣年华,对我来说却是无尽的悔恨和羞辱;本来我就对前途不抱什么想头,现在看来更没有什么希望了。

我承认我犯了错,对被害人造成的伤害在这里我表示道歉,希望他能够原谅我的过错。

其实,造成今天这一后果对我来说并不是偶然的。上小学的时候,我的成绩很好,老师喜欢我,同学羡慕我,那时我是多么幸福呀。上了初中以后,我的父亲和人合伙做生意,很忙,顾不上管我,我妈又整天打麻将,根本不管我。

有几次成绩考差了,被我父亲一顿死骂,说我成绩不行将来只能讨饭。我很不以为然,因为我的几个亲戚虽然没什么文化,但都做生意发了大财。可我爸说很多做生意的虽然表面上看上去很风光,但个中的辛苦没几个人知道。我说上学就那么重要吗?你们把它当做象牙塔,真有那么重要吗?我就用鲁迅《华盖集·题记》中的一段话回答他:"我以为艺术之宫里有这么麻烦的禁令,倒不如不进去;还是站在沙漠上,看看飞沙走石,乐则大笑,悲则大哭,愤则大骂,即使被沙砾打的遍身粗糙,头破血流,而时时抚着自己的凝血,觉得若有花纹,也未必不及跟着中国的文士们去陪莎士比亚吃黄油面包之有趣。"我爸就火了,把我暴打一顿,说:"那你就去喝西北风吧"。我就跑出了家门,这是我第一次离家出走。

我无处可去,只能在街头游荡。不久就被几个大孩子勒索,搜去了身上仅有的几块钱。我第一次发现这个世界实际上是要靠"实力"的。以后我的成绩越来越差,我再也提不起学习的劲头来了。上课时我就趴在桌上睡觉,老师提醒

我，我就对他怒目而视。整个学校生活我几乎没有学到过什么，耳朵里满是老师、家长的批评，同学们对我敬而远之。

我开始怀疑我是不是一块学习的料，唯一的乐趣就是去网吧，把时间和精力都花在网络游戏上了。但上网吧需要钱，我爸爸早就对我实施了"经济封锁"，我只能偷拿家里的零钱，但有时候就拿不到。

于是我想到了低年级的学生，以前高年级的学生也这样对过我！那时我想人生就是一种经历，人人都要经过这些阶段，就像一年要经过春夏秋冬一样。以前我"进贡"过，现在别人也就要向我"进贡"！所以我就向他们要钱，一开始我心里挺怕，"做贼心虚"呀，但几乎没有碰到过"抵抗"。所以我的胆子越来越大，后来我就连到这些学生家里去要钱都不怕了。这我也和"同道中人"交流过，他们说要那些"小家伙""进贡"可以，只要他们不反抗，"心甘情愿"地把钱交出来，咱就不是犯法。现在看来这种想法是多么愚昧呀。如果那时能学点儿法，知道这种事儿的危害和后果，我是不会落到这种下场的。

我爸到后来也管不住我了，初中我还勉强混毕业了，到高中我实在上不下去，就想和我爸爸一块做生意。第一天帮他发货就发错了，一下就损了五千块。我爸气得发抖，连下来几天都吃不下饭。祸不单行，接下来连续几天都没有什么生意，我爸像一下子老了十岁，这是我第一次体会到生活的艰难。但这也是一闪念，几天后我就厌倦了，还是玩游戏比较好。我就借口补习功课溜了出来，不久就发生了这个事儿。

在看守所里我度日如年，思前想后，爸爸对我的严厉、老师对我的管教，以前我把那些当做是束缚我自由的绳索，现在想来，他们都是为我好呀。我当时如果听进去十分之一也不会落到今天的地步呀。说什么都晚了，我真心忏悔。我只是希望法庭能看在我年纪还轻的份上，已经认识到错了，在量刑上能够从轻，给我一个改过自新的机会。

审判长：现在休庭十分钟，待合议庭合议后当庭宣判。

（合议庭对案件合议后，继续开庭。）

书记员：请公诉人及诉讼参与人按其座位坐好。

书记员：全体起立。

审判长：被告人抢劫一案，经本庭审理，在查明事实，听取双方意见的基础上，合议庭进行宣判。

（由于当庭宣判，所以只宣判重点内容。）

审判长：被告人，刚才的口头宣判你听清楚没有？

被告人：清楚了。

审判长：对判决有什么意见？是否上诉？

被告人：我要上诉。我还年轻，这种处罚太重了。

审判长：公诉人有什么意见？

公诉人：没有。

审判长：辩护人有什么意见？

辩护人：我保留我的看法，我尊重我的委托人的意见，在规定的期限内向上级人民法院提起上诉。

审判长：市人民法院对市检察院公诉抢劫一案，现在全部审判完毕，闭庭。将被告人押回看守所。

书记员办理证据交接、被告人等人的签名手续。法警继续维护，不让旁听人员进入审判区域，直到将被告押走。

6.活动反思

"模拟法庭"是展现法律文化的很好方式，突出了"司法"本身就是实务与学术的关注点。学生模拟法庭审判，除了必须熟悉法庭中的各项程序和各种角色的特点，更重要的是从中体味、反思深层的法律和民族的文化底蕴，增强学生逻辑思维的能力，把教学与实践有机结合在一起，也丰富了校园文化生活，有力推进了普法宣传活动。模拟法庭作为一种特色活动必将深入，持续地开展下去。

由于模拟法庭对学生掌握法律知识、口头表达能力、组织能力要求比较高，建议此主题班会最好在初二及以上年级进行，班主任要精心准备，最好能够联系有关法律人士对学生进行指导，否则很难达到效果。

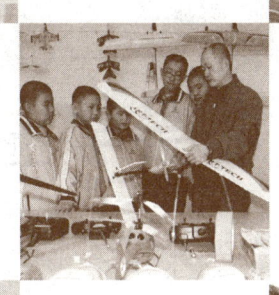

NO4. 校园知识科学教育主题活动指导

指导学生热爱学习的方法

让学生在学习活动之前自己能够确立学习目标,制定学习计划,做好具体的学习准备,在学习活动中能够对学习进展及学习方法做出自我监控、自我反馈、自我调节,在学习活动后能够对学习结果进行自我检查、自我总结、自我评价和自我补救。主要从以下几方面点点滴滴地加以引导:

给学生一个自主学习的空间

传统的教学中我主要采用的是教师"满堂灌"、学生"被动听"的教学方式,受传统的教学方式和从小就接受母语熏陶的影响,许多学生对知识的获取没有新鲜感,认为知道的已经很多了。学习的动力不大,他们感到的是被迫学习。因此,导致一节课下来,事倍功半。

针对这种情况，在新课程的教学中，教师要尽量从培养学生的学习兴趣入手，在教学内容的基础上，适当选择一些小知识点，让学生进行讨论、分析，引发学生兴趣，并穿插一些练习题，让学生进行比赛。通过参与，吸引一部分学生，引发他们参与的意识，唤醒学生学习主动性，从而由被动变为主动，使学生在轻松愉悦的氛围中学到知识，间接地使学生对学科产生极大的兴趣。

给学生一个选取材料的条件

语文教材中，"活动"内容安排的较多，利用书中所给的条件，调动学生的参与意识，积极搜集材料，让学生在搜集材料的过程中去发现生活中的点滴知识，一方面养成积累知识的好习惯，另一方面利用课堂教学过程引发学生兴趣。例如，在教学过程中，设计一些辩论话题，在讲到《美猴王》这篇文章时，对论点"美猴王是猴、是人、还是神？"加以辩论，让同学在搜集材料的过程中，加工、提炼语言文字，进一步培养学生的口头表达能力、逻辑思维能力。并学会根据需要，选取材料，进行加工，拓展他们的知识面，引发他们对语文知识的探求。

给学生一个质疑问题的时间

在语文教学中，传统的"一言堂"已远远不能激发学生的学习兴趣，也早已被学生所否定，怎样才能使"一言堂"变为"群言堂"？这是教学中的关键所在。

语文知识，一方面与生活非常贴近，学生一知半解，略知一二；另一方面许多理性知识学生不感兴趣，难以理解、领悟，针对这种情况，为引发学生兴趣，调动学生的自主学习，使学生更多的参与到学习知识的当中，可以采用把学生分成小组的方式，对有些语文内容，让他们自己分析、自己安排、自己讲解，从而自己小结、补充。

例如，在教学《空城计》时，让学生结合电视剧"《三国演义》"中的情节，进一步体会诸葛亮、司马懿的性格特征，以此调动学生的积极性，让学生进一步对小说的要素加以理解，也锻炼了学生的语言表述能力。

给学生一个自主参与的机会

语文知识内容丰富，拓展面宽。单纯地将书面知识，给学生加以罗列，久而久之他们会感到单调、枯燥，会产生厌烦的心理，失去兴趣。为调动他们自主学习的积极性，在教学中，要针对不同学生不同的特点，设计问题。例如，在教学《春》这一课中，学生对春的认识只是停留在片面的表象认识中，对文章中写景的方法，一知半解，是零散的。如果只停留在分析文章的结构这一教学点上，在教学深度上不免有些欠缺。

总之，对学生自主学习的引导，依赖于学生的学习兴趣，在"能学"的基础上，引发学生"想学"，教学生"会学"，从而进一步建立在学生的学习责任上，导入学生能"坚持学"，尽量使学生的自主学习达到尽善尽美，使学生彻底地从传统的"要我学"转变为"我要学"的轨道上来。

培养学生学习兴趣的措施

素质教育已成为当今时代教育的主流。随着历史教育改革的深化,我们历史教育工作者在教学过程中,不但要注意对学生的智力和能力的培养,还应重视对学生进行非智力因素的培养。爱因斯坦曾说过:"成才=智力因素+非智力因素"。

在以往的教学工作中,我们不太重视对学生学习动机的端正、兴趣的激发、情感的培养等非智力因素,而热衷于满堂灌,训练"考试

机器"等,极大地压抑了学生的学习积极性、主动性和创造性。严重影响他们全面素质的提高。本文拟就非智力因素在学习中的作用和如何培养学生非智力因素的问题,谈谈体会。

非智力因素及其在学习中的地位

心理学认为,非智力因素是指那些不直接参与认识过程,但对认识过程起着动力、定向、引导、维持、强化作用的心理因素,也就是除了智能以外的因素,主要由动机、兴趣、情感、意志、性格等要素组成。

智力的发展与非智力因素的发展紧密相连、互相制约。在我们现实的教育工作中常见到这样的情况:学习成绩不够好的学生,往往不是智力水平低,而是学习目的不明确、态度不端正、在学习过程中缺乏恒心和毅力以及自信心不足等因素所致。这说明非智力因素能否得到很好地发展,直接影响到学生学习成绩以及学习能力的好坏。

鉴于青少年阶段正是人的潜能开发和个性发展的最佳时期,因此,教师在进行各科教学时,在强调传授知识开发智能的同时,必须重视学生非智力因素的培养。这是当代实施素质教育的要求,也是提高各科教学质量的有效途径。

激发学生的学习兴趣,使学生"乐"学

兴趣是人积极探究某种事物或进行某种活动的心理倾向。心理学研究证明,对学习感兴趣的学生,他的意识,注意都倾向并集中到学习上去,以至达到废寝忘食的程度,同时,识记的能力、思维的效果也都好。那么,怎样调动和激发学生学习的兴趣呢?

1.精心巧妙设疑布阵

2.运用语言与情感等

3.采取科学的教学手段

4.鼓励学生给学生以成就感

除去上述方法之外,还有很多途径,如知识竞赛、实地观察、撰写历史小论文观看历史剧等,根据学校的情况和条件,创造性地开展各种活动,以趣激学,学习效果会更好。

调动学生的学习情感,使学生"愿"学

心理学研究表明,中学生的认识也往往带有各种情感色彩,常表现出的不是用理智来支配情感,而是用情感支配理智,甚至有时用自己的好恶来决定一切。

因此,在教学中我们要抓住学生的情感变化,积极创造健康的情感世界,使学生热爱学习,做到"亲其师而信其道"作为一名历史教师,首先要热爱历史教学工作,认真钻研业务,努力改革教学,始终要有饱满的教学热情,坚韧不拔的教学意志,并以此去感染学生。

其次要热爱关心学生,教师对学生要树立起可亲可敬的形象,表现出慈母般的爱心。在教学中,要注意对每一个学生施以平等之爱,即不偏爱任何一个学生;辅导时,不只是辅导好学生,而应该更多地

辅导学习困难生；在课堂上，发扬教学民主，把学生当主体，教师的一切活动都应围绕学生转，使学生有"主人翁"之感；在课堂提问中，要多鼓励学习困难生发言，并给他们成功的机会。

在课外，应尽可能多地接触学生，尤其是学习困难生，多找他们谈心，了解他们的学习、身体、家庭情况，从各方面关心爱护他们，并给予必要的帮助。要重视与学生的日常友好相处，以自己的真诚之爱，来换取学生对历史学习的热爱，对历史学习的激情。

锻炼学生学习的意志，使学生"勤"学

意志，是为了达到一定目的，自觉地组织自己的行动，并与克服困难相联系的一种心理过程。发展良好的意志品质是一个人完善个人性格的重要组成部分，良好的意志品质不仅对学生克服学习上的困难、达到人生目标有帮助，而且对国家和人民的事业也很有意义。

教师对学生的影响不仅体现在知识水平上，还反映在人格力量上。教师的人格因素对学生的心理发展具有重大影响。俄国教育家乌申斯基说："在教育工作中，一切都应建立在教师人格的基础上。因为只有从教师人格的活的源泉中才能涌现出教育的力量。"教师的态度、情感是提高课堂教学质量的重要因素。渊博、宽容、认真、有信心、有责任感等人格力量对课堂教学最有穿透性，也最有影响。

因此，作为教师在教育、辅导学生的同时，要加强自身心理状态的调适与人格的提升，用美好的心灵去塑造学生健康的心灵。教师本身良好的非智力因素既是出色完成学科教育工作的前提，又是学生学习的榜样，对学生起着潜移默化的教育作用。

总之，非智力因素对人的智力活动有着十分重要的作用，它可以补偿人在智力上的某些不足，又能推动人的智力潜能的充分发挥。因此，在教学中，教师要全面培养学生良好的非智力因素，从而更好的提高教学质量，提高学生的素质。

学生热爱学习教育主题活动

"增强学习意志"主题班会活动方案

1.活动背景

意志就是自觉确定目的,并根据目的来支配和调节自己的行为、克服各种困难,从而实现目的的心理活动。它是人的认识的能动表现。意志是学生学习和将来事业成功的重要心理因素。很多学生学习成绩不理想,并非是智力不高,而是缺乏持之以恒的意志力,本次活动就是为了帮助学生克服意志薄弱的缺点,提高学习成绩。

2.活动目的

（1）使学生了解培养坚强意志对学习和将来事业成功的影响。

（2）在学习和实践中充分发挥自己的主观能动作用，百折不挠克服学习上的各种困难，以顽强意志的行动实现既定目标，达到成功的彼岸。

3.活动准备

（1）准备一个不管是顺境还是逆境，都不放弃自己的追求、生命不息、奋斗不止、坚韧不拨的故事。

（2）准备不同意志力的学生对学习影响的情境。

（3）准备好意志强弱的自我测查问卷。

（4）准备一盒事先录好的足球赛的录像带、录放机及电视机，以备表演时用。

4.活动过程

教师讲述：一个不管是顺境还是逆境，都不放弃自己远大目标的追求、生命不息、奋斗不止、坚韧不拨的一个普通的中国女留学生袁和故事，使学生明确百折不挠的坚强意志是学习和事业成功的重要保证。

1983年6月下旬，美国马萨诸塞州的蒙特·荷里亚女子学院降了两天半旗。是纪念某位新故的总统，还是哀悼某个世界名人？都不是。他们是在沉痛悼念一个普通的中国女留学生袁和。

当地多家报纸登了袁和的事迹和照片。在袁和短暂的一生中，是什么原因使她从一个里弄生产组糊纸盒的小工人，成长为一个为祖国赢得荣誉的硕士研究生？是什么原因激励她去奋斗、去创造、去获取成功，使生命发出最强音？是她孜孜不倦的追求，是她坚韧不拨的意志。

在十年浩劫的年代，袁和没有读完高中就被迫停学了，但她历尽艰辛，硬是靠自学读完了大学的数、理、化、生物和英语等课程，

1978年被录取为中国科学院化学研究所研究生。

1980年袁和取得了美国马萨诸塞州蒙特·荷里亚女子学院提供的学习和生活费用的奖学金,赴美攻读硕士学位。但是正当她向学习上的困难进军,与发达国家的对手竞争时,乳腺癌的魔影悄悄地降临在她的身上。她忍受着巨大的肉体上和精神上的痛苦,接连做了两次手术。

1982年4月,波士顿癌症研究所的化验结果和专家诊断结果表明,袁和的癌细胞已经转移了!这时,她没有听从美国同学的劝告,用吸毒产生的幻觉来减轻精神负担,而是不沉沦、不颓废,以坚强的意志和勇气去同癌症搏斗。三个月后,她顺利地通过了在死亡威胁下写成的硕士论文。当她穿着长长的黑学袍,走上台阶接过院长颁发的硕士学位证书,看着向她挥手微笑的朋友、老师时,禁不住热泪夺眶而出。

教师讲解:这是一个动人的故事,这是一个意志的赞歌,凡是有成就的人,大都立下了自己的宏图大志、奋斗目标,并在学习和实践

五彩校园文化艺术活动丛书

中充分发挥自己的主观动能作用,千方百计地克服一切困难,以自己顽强的意志去实现既定目标,最后达到成功的彼岸。这种自觉地确定目的,并支配和调节自己的行动、克服各种困难,从而实现预定的目的心理活动,这就叫做意志。它是人的认识的能动表现。而目的性和调控性是意志的两个基本特征:第一,意志的目的性(人的意志活动总是具有明确的目的的);第二,意志的调控性(反映在克服各种困难上)。

意志是以明确目的与克服困难为主要特征的。人的意志是否坚强,要看他是否有明确的奋斗目标、奋斗目标愈高、愈远大,目标的社会意义认识越深刻,克服困难的意志力就愈大。由此可见,坚强的意志是推动学生去战胜各种困难而达到既定目的的巨大的内在推动力。

对于学生来说,意志坚强者,会迎着学习上的各种困难,朝着既定的学习目标,顽强拼搏,直至取得学习上的成功。相反意志薄弱者,遇到学习上的困难,稍遇挫折就会心灰意冷,一蹶不振,甚至放弃意志努力,最后放弃行动目的,使学习遭受失败。所以,意志是成功的重要心理因素。你要想在学习上和将来的事业上获得成功,就必须努力培养自己的坚强的意志。

表演情境设计:教师出示事先准备好的角色扮演情境,请几位学生上台按情境设计认真扮演,并引导学生针对情境中的情况进行讨论。

情境一:新学期开始了,班主任对全班学生进行学习动员,要求每个学生做好本学期的学习计划,利用班会进行学习交流,一位成绩不太好的某学生上台交流自己学习计划,赢得了全班学生敬佩目光。老师也表扬了该学生,希望他能按自己既定的目标,切实将自己的学习计划落实到行动之中,争取较大的进步。该生开始时,满腔热情、

干劲十足,坚持了一段时间的正常按计划学习。

在家复习功课时,电视传来足球赛的欢呼声,仍能无动于中,坚持自己的学习。但该生缺乏坚持不懈的韧性,某天,该生正在家里做作业,电视里传来正在播放的足球赛(用事先录好的录像带播放)。

该生按捺不住,放下作业,转入到电视机前来,一直观看到深夜,精疲力竭。往后下去,经常性遇到有球赛或者好看的电视剧,就放下作业或者不复习功课,而观看电视。久而久之,学习计划成了"一纸空文",半途而废。期中考试学习成绩没有什么起色。试卷发下来,一脸的沮丧。

情境二:教师正在发测验试卷,某个学生上讲台领自己的试卷,走回到自己的座位后,看了一眼自己的得分,将试卷搓成一团,然后就伏在课桌睡大觉了。教师讲评试卷了,同桌示意他,该听老师评了,但该学生仍懒洋洋地说:才得42分,我学不了,"天生我才没有用"。

情境三:原来一个欢快生活、学习的某学生,一次意外的事故使之右手致残。他以顽强的毅力,克服残疾带来的困难,坚持练习左手写字。最初,一天只能写几十个字,但他每天坚持抄写七八个小时,终于左手写字如右手写字一样,抄写自如了。每学期段考、斯考考试成绩均名列班级前茅,会考九科中有七个科获得A级。赢得同学们的赞誉。

情境四:某学生,平时对自己要求严、很努力,其它各门功课都学得较好,唯有英语这门学科常常"亮红灯",英语基础不好的他,该科学习困难最大。他为了提高总成绩,制定了消灭英语不及格的目标。他每天坚持起早贪黑,早上提前半小时起床读英语,课余时间有不懂的问题勤向老师、同学请教,晚修回家后,也坚持抽些时间做英语练习,长期坚持不懈,在英语学科上取得了很大的进步。不但消灭

了不及格现象,还达到接近优秀等极的水平,英语成绩不断提高。

引导学生展开讨论:第一,情境中一、二、三、四中的人物意志力哪些强?哪些弱?第二,意志力的强弱对其学习有哪些影响?第三,你与哪一种情境相似?

教师分析说明:意志是影响学生学习成绩的一种很重要的非智力因素。意志在学习活动中的作用是显而易见的。意志薄弱的学生,学习遇到困难和挫折时,便象泄了气的皮球,垂头丧气,精神不振,从而失去了学习的决心和信心。

意志坚韧性不强的学生,在学习过程中受到学习之外的各种因素的干扰时,在意志行动中缺乏自制力,不善于约束自己的行为,甚至放弃意志努力,最后放弃行动目标、虎头蛇尾、半途而废(例如情境类型的学生)。

意志坚强的学生，能自觉确立学习目的，不畏学习中遇到的各种困难和挫折，知难而上，有一股"绳锯木断、滴水穿石"的韧劲，持之以恒，努力学习，刻苦钻研，意志力促进了智力的发展，取得良好的学习效果，提高学习成绩(例如情境类型学生)。意志本身就是朝着既定目标，顽强地持久地克服困难、不达目的、奋斗不止的内部心理品质。

教师讲解意志的品质：意志的基本品质是自觉性、果断性、坚持性和自制性。许多学习成绩优秀的学生，都具有"锲而不舍"的顽强学习意志，这种顽强的学习意志不是先天生来就有的，而是在长期的学习过程中培养出来的。学习乃是培养学习意志的一条重要途径。我们在学习过程中，如何正确认识意志对学习的作用和如何培养自己坚强的学习意志呢？

教师引导学生从意志品质的四个方面去思考，然后从影响学习最显著的三方面提出培养学习意志的途径。

第一，确定崇高的学习目标，树立远大的理想。崇高的目标与远大的理想是意志行动的力量源泉。古今中外，许多著名的思想家、科学家、成功人士就是在崇高的目标远大理想的推动下，下定决心，克服一个又一个的困难而取得巨大成就的(举一些例子说明)。每个学生要根据自己的实际情况树立一个奋斗目标，树立自己的适当的抱负水平。

第二，制定一份自我约束，自我锻炼意志的计划。一个人的行动和行为，总是依靠别人的监督和约束，是培养不出坚强意志的。只有自觉地监督自己，约束自己，才能把自己培养成为意志坚强者。许多著名人物为了锻炼自己的意志，以取得学习、工作、事业上的成功，常常为自己制定一些规则、要求来监督和约束自己。

五彩校园文化艺术活动丛书

第三,持之以恒,百折不挠。持之以恒,坚持到底,是人们在活动中得以维持始终、决不半途而废的更具有本质意义的意志品质,即为意志品质中的坚持性。坚持性往往是人们取得学习和事业成功的保证。古今中外许多伟大的思想家、科学家和学者都莫不表现出惊人的坚持性。例如:马克思写《资本论》花了40年,达尔文写《物种起原》花了20年,托尔斯泰写《战争与和平》花了37年,李时珍写《本草纲目》花27年。

一个人要成就一项事业,需要有顽强的坚持性。学习意志的培养和锻炼不是一朝一夕的事,需要长期坚持不懈的努力,没有坚持到底的恒心,难以到达成功的彼岸。恒心的坚持在于,一方面要善于抵制不符合行为目的的主观因素的干扰,做到面临重重诱惑而不为所动,另一方面要善于长久的维持已开始的符合目的的行动,不畏困难,并千方百计克服困难。做到无论是学习还是做什么事,都要有始有终,都不轻易放弃对目标的执着追求,决不半途而废。

教师发给学生意志强弱自我测试问卷。每人一份,让学生自己填写,了解自己学习意志的强弱。

附:学习意志强弱自我测试问答卷。
①学习虽有计划,但不能坚持按计划进行学习。
②做作业或课外练习时,遇到不会做的难题,常去抄别人的作业或练习。
③在家学习时,每遇电视好节目,立即中断学习。
④某门学科经常考试不及格,上这门学科课时,直想睡觉,无精打睬,这就放弃这门学科了。
⑤每次遇到挫折和失败都会感到心灰意冷,消沉、悲观。
⑥你的学习从不需要别人督促。
⑦你遇到学习中不懂的问题,从不轻易去问别人,而是认真思考,想方设法弄懂它。
⑧为了及时完成某项作业,你经常废寝忘食、通宵达旦。
⑨为了把功课学好,你主动放弃了许多你原来感兴趣的活动,(例如玩游戏机、看武侠小说,打扑克之类)
⑩学习过程中,遇到一些好看的电视节目,不会轻易中断自己的学习。

教师小结:强调学习意志对学习的作用;强调如何在学习过程中培养自己的学习意志。

5.活动的补充
(1)课外布置一些有适当难度、有一定困难的任务让学生去完成,锻炼学生的意志力。
(2)布置一次周记,要求学生收集古今中外学者、名人、思想家、科学家、企业家、成功人士在远大目标推动下,在学业或者事业上以顽强的意志取得巨大成就的。周记中,为培养学习意志,每人给自己立一座右铭,警钟长鸣、不断自励。

(3)请成功人士到班级进行讲座。

6.活动反思

人不是生来有成的意志的。意志在人的生活中不是突然表现的,是通过教育慢慢地培养起来。本次主题活动以"心理常识辅导课"形式,给学生揭示意志的含义,了解意志的行为特征,培养学生的意志品质。取得了较好的效果。

此后在进行这类活动时,还要根据情况,让学生制定一份具有奋斗目标和学习意志增强的自我锻炼的计划,让学生在意志行动中加深理解。例如:规定一些合理的学习制度和生活制度,让学生自觉去遵守,严格遵守学校纪律也是意志教育的一种重要手段。在意志教育中,给学生布置具有一定困难的任务,要求学生完成有一定困难的作

业，让学生在不断克服，战胜困难的过程中磨练自己的意志，使意志日益坚强起来。

"爱读书，爱学习"主题班会活动方案

1.活动背景

学生的学习需要丰富的知识，然而在平时的学习中，大部分学生只知道学习课本知识，却忽略了课外知识的学习，为了引导学生多读书，读好书，并使他们在读书过程中体验学习的乐趣，我们主办了本次主题班会。

2.活动目的

（1）通过活动，使学生明白读书的意义，激发学生读书的兴趣，使书成为他们形影不离的好朋友。

（2）通过活动，充实学生文化底蕴，净化学生的精神世界，帮助学生从小树立远大的理想。

（3）借这次活动，在班级中营造良好的读书氛围，养成好读书、读好书的良好习惯。

（4）懂得学习方法，注重知识的积累。

3.活动准备

（1）准备讲故事的素材。

（2）准备朗诵的文章。

（3）提前排练舞蹈。

（4）准备吹奏的笛子。

4.活动过程

（1）开幕词

甲：尊敬的老师！

乙：亲爱的同学！

合：大家好！

甲：踏着春天的脚步，我们又迎来了新的学期。

乙：春暖花开的季节，无疑是我们学习的春天。

甲：我们要听好每一节课，做好每一道习题。

乙：写好每一页字，吸收消化好每一点知识。

合：春光无限好，行动趁此时。我班《爱学习爱读书》主题班会现在开始！

（2）读书伴我成长

甲：从我们懂事那天起，爸爸妈妈就会对我们说："长大后，你要好好读书。"

乙：进入小学后，在老师的教导下，我们认识了 a o e，学会了读书写字。

甲：从此一位良师益友就走入了我们的生活，那就是——书。

乙：书籍是人类进步的阶梯，书籍是我们精神的粮食。

甲：读书不但能给我们带来知识，更能给我们带来乐趣。

乙：你们都读过哪些书？从书中你知道了什么？

（学生畅谈自己读的书，和自己读书的收获。）

（3）《新三字经》朗诵

甲：读书不但能给我们带来知识，也教我们做人的道理。

乙：读书也能给我们带来乐趣，让我们成为高尚的人。请听《新三字经》朗诵表演。

10人分句朗读《新三字经》。

甲：《新三字经》是我国文化的瑰宝，教我们做人与学习。

乙：我们从《三字经》中知道了仁、义、礼、智、信。

（4）讲故事《凿壁借光》、《鲁迅刻"早"》

甲：勤奋是打开知识宝库的钥匙，它为远大的理想搭建阶梯。

乙：刻苦是步入殿堂的基石，它是实现宏伟志向的前提。

甲：听古今名人励志故事。

（学生讲故事）

甲：听了精彩的故事，请同学们谈谈自己的想法。

（学生说自己的感想和体会）

乙：让我们以勤奋，刻苦为榜样，让自己插上理想的翅膀，飞向成功。

舞蹈《蓝精灵》

乙：请欣赏舞蹈《蓝精灵》。

（学生表演舞蹈）

乙：真是一群快乐的小精灵。在学校里，我们也像精灵一样快乐地学习，快乐地成长。

（5）语文积累展示会

甲：我们在校园里茁壮成长，离不开老师点点滴滴的辛勤教育。

乙：是啊，老师不但关心我们的生活，更关心我们的学习。

甲：一年级时，老师教我们快乐识字。

乙：二年级时，老师教我们背诵古诗。

甲：三年级时，老师教我们积累成语。

乙：四年级时，老师教我们积累歇后语。

甲：请看语文积累展示会，请各个小队准备！

成语队队长：大家好，我是成语队的队长。别看我们成语只有四个字，它可是我们民族语言的精华，每一个成语都有一个小故事，还告诉我们词语的含义，教我们做人与处世。等一下我们给大家展示。

古诗队队长：你们好，我是古诗队的队长，古诗是中国文化中的一颗璀璨的明珠，它语言优美，生动，有描写景物的诗句，有描写人间真情的，也有表达爱国和理想的。我们从小就开始背诵古诗了，那我们也会给大家露一手。

歇后语队队长：还有我呢，我是歇后语队的队长，歇后语可有意思了，他由前半句和后半句组成，一般有两种形式，一是表示意义的，一是表示谐音的。歇后语用幽默的语言告诉我们一定的道理和生活中的事情。

谚语队的队长：你们都说得很好，我也给大家介绍一下，谚语是劳动人民在日常生活中积累经验总结的语言，它有表示气候的，有表示哲理的，还有表示农耕的，也教我们为人和做事。我们给大家表演表演！

全班学生按小组进行语文积累的展示。

甲：看来，同学们积累了不少的语文知识，掌握了学习方法。

（6）全班齐奏《南泥湾》

甲：俗话说："拳不离手，曲不离口。"学任何本领、知识都要专心和努力。

乙：正所谓，"只要功夫深，铁杵磨成针。"我们同学们不但会

学习，还学会了吹笛子呢!

合：全班齐奏《南泥湾》

（7）班主任总结

甲：我们班的笛子吹得不错吧!

乙：那当然啦!他们精神饱满笛声悠扬。

甲：这些都离不开老师的辛勤指导。下面请我们亲爱的班主任讲话。

班主任总结：亲爱的同学们，看了大家的表演，老师真为你们高兴，你们个个口吐玉玑、神采飞扬。俗话说：一分耕耘，一分收获，天道酬勤，相信，通过此次主题班会，你们一定学到了知识，享受到了勤奋学习的快乐，老师希望你们以后能外甥打灯笼——照旧努力，照旧积累，成为"腹有诗书气自华"的人。

甲：同学们，我们要牢记老师的淳淳教诲，今天的班会是我们刻苦学习的新起点。

合：勤奋学习，认真读书，用自己的实际行动回报老师，回报社会。爱学习爱读书主题班会到此结束。谢谢大家!

5.活动反思

本次主题班会，培养了学生的语言表达能力和表演能力，提高了学生自觉学习的意识。班会的各个节目，都是学生平时积累的，吹笛子表演是我们班的特长，从这些表演中，学生深深地明白了，无论学什么都要勤奋、专心，才能学好。中小学学生正是抓学习的大好时机，如何让孩子养成良好的学习习惯，体会读书的乐趣，从而爱学习，学会学习，使他们的意识上一个新的台阶，是每一个教师都在积极探索的问题，本次班会在这方面做了一引起尝试，也收到了较好的效果，但我们还会继续努力，并多提供机会让学生展示自己，锻炼自己，从而促进他们学习兴趣的提高。

培养学生科学意识的教育指导

《语文课程标准》明确指出,现代社会要求公民具备良好的人文素养和科学素养。又提到改革以后的九年义务教育中,语文课程在培养学生科学文化素质方面要发挥应有的作用。小学语文课应注重对学生科学意识的培养,这是时代发展的需要,是社会进步的需要。

为小学生科学意识的培养提供了条件

新教材既有丰富的思想教育内容、扎实的语文训练内容,又含有大量的科普知识。

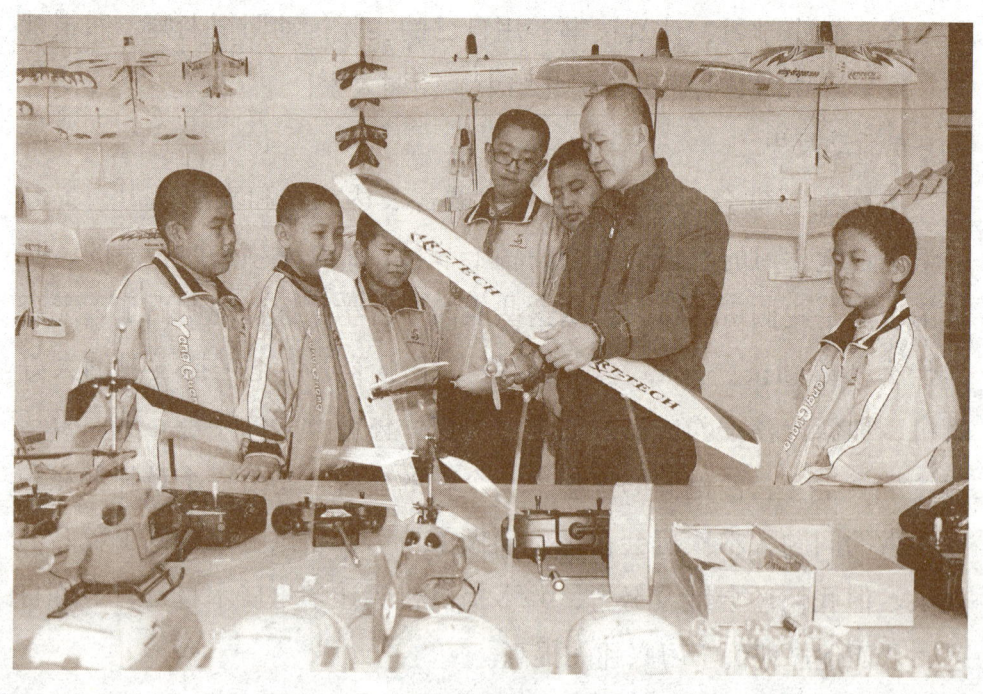

例如，小学第一册的《理想》就向刚进学校的娃娃介绍了一些高新科技知识：天上的航天飞机、卫星；地上的悬浮式列车、太阳能汽车；水中的大轮船、汽垫船等。第二册到第四册的课文则出现了《燕子飞回来了》、《动物过冬》、《数星星的孩子》等许多课文，向孩子介绍了大量的自然科学知识，开阔了孩子们的视野。到第五六册，类似《看月食》的一系列课文介绍了像哥白尼一样的科学家，对学生进行了科学史、科学世界观的启蒙教育。

教材注意到了对学生实施科学意识启蒙教育的问题，这些内容成为语文学科进行现代科技教育的载体。

有机地渗透科学意识的教学目标

小学语文教学目的的要求中，多次提到要进行热爱科学的教育。"利用教材中的科普知识培养小学生的现代科学意识"的教学要求同样也写进了课文的"导读"中，使执教者在落实的过程中具有了可操作性。仅举两例为证：第七册第五组"导读"中有这么一句话："同时受到爱科学、学科学、立志为祖国现代化作贡献的教育"；第八册第三组"导读"中写道："要让学生在学习过程中感受大自然的美好，增加科学知识，受到爱科学、学科学和热爱大自然的教育"。

正确处理二者的关系

科学意识培养与语文基础知识训练的关系，"载道"、"工具"、"科学意识"是三位一体的相容关系。三者之间应该而且可以做到有机的结合。

1.潜移默化地进行科学兴趣的培养

强调利用语文课中的科学知识培养小学生的科学意识和科学精神，但不能把语文课上成科学课，依然要上出语文课的个性来。例如《植物妈妈有办法》是一首儿童诗，以形象的比喻和拟人的手法介绍了植物传播种子的方法。识字和理解比喻句的含义是主要的教学任务,植物种子的传播方式则不必单独提出来细讲。

2.恰当地把握住分寸

利用科学知识培养学生的科学意识和探究精神,要会"利用"文章。教师巧作点拨,激起学生的兴趣之后要适可而止,不可大讲其中的科技原理。如第三册的归类识字,介绍了播种机、插秧机、抽水机、联合收割机、脱粒机、扬场机等农业机械,教师只须在对比中引导学生知道机器收种要比人力快得多,让学生产生"科学技术是第一生产力"的朦胧意识即可。

3.要善于设疑并恰当地存疑

如教学《动物过冬》这一课时,可设疑:课文里的小动物是怎样过冬的呢?让学生带着问题来学习全文,在语言训练的同时获取有关动物过冬的科学知识。学了全文后,可适当存疑:你们还知道哪些动物是怎样过冬的呢?让学生带着疑问去阅读有关的课外读物,这样既拓展了他们的阅读量,又丰富了其科学知识。

培养学生科学精神的教育指导

科学精神主要是指科学主体在长期的科学活动中所陶冶和积淀的价值观念、思维方式和行为准则等的总和。《科学课程标准》指出:"保持与发展想要了解世界、喜欢尝试新的经验、乐于探究与发现周围事物奥秘的欲望。在科学学习中能注重事实,尊重他人意见,敢于提出不同见解,乐于合作与交流。"

在科学阅读中接受科学精神的熏陶

科学教育离不开科学阅读。在阅读中,学生可以阅读到科学家的

成长故事、科学研究的过程以及为之付出的努力。如居里夫人的小女儿艾芙·居里,在母亲去世3年后写成《居里夫人传》,该传记详细叙述了居里夫人的一生,也介绍了其丈夫皮埃尔·居里的事迹,并着重描写了居里夫妇的工作精神和处事态度。在了解了居里夫人的光辉一生以后,我们从中得到的教益和启迪是深刻而广泛的。

第一,受压迫、处于困境的人们,只要意志坚强、不畏艰难、勤奋学习、勇于攀登,胜利与成功之路是可以走通的。

第二,要接受和支持新生事物,要用创新精神去从事科学研究和其他一切工作,并且要有百折不挠的毅力和勇气去完成它。

第三,在科学的道路上,有时可能会遇到不应有的压抑和歧视,但只要有信心,有脚踏实地的忘我工作精神,保守的枷锁和禁锢是可以打破的。

第四,在科学研究和其他工作中,一定的物质条件是必要的,但是更重要的是自己动手,自力更生地去创造条件,永远保持艰苦奋斗的精神。

在科学探究的实践中形成科学素养

科学教育离不开科学探究的实践活动,如实验操作,数据的收集、整理与分析,以及形成结论时的逻辑推理等。在开展此类活动时,学生就在逐步地形成相关的科学素养。实验操作必然要求学生做到尊重事实,数据的整理与分析必然会在尊重事实的基础上提出自己新的见解,并在形成结论时听取他人的意见,形成自己独具创新意识的结论。在这个活动的过程中自然不可能一帆风顺,总会遇到一些困难,在克服困难的过程中,又是意志与品质的考验。

科学精神的培养在活动的过程中贯穿始终,虽然并没有刻意将科学精神的内容具体化呈现给学生,但却比任何形式的呈现更能感染学生。

学生热爱科学教育主题活动

"想象+实践=创造"主题班会活动方案

1. 活动背景

11月是传统的"爱科学月",开展科技活动能够丰富队员们的知识,开发他们的智力,培养他们的科技兴趣,对学生的成长极为有利。因此我班以当前提出的"要培养学生的创新精神和实践能力"为指导思想,针对学校的科技特色的优势,并根据学生想象力较丰富、可塑性较强而实践能力较弱的特点,开展这项活动,旨在引导学生发挥他们这个年龄阶段特有的想象,运用到实践中,开展小创作、小发明活动。

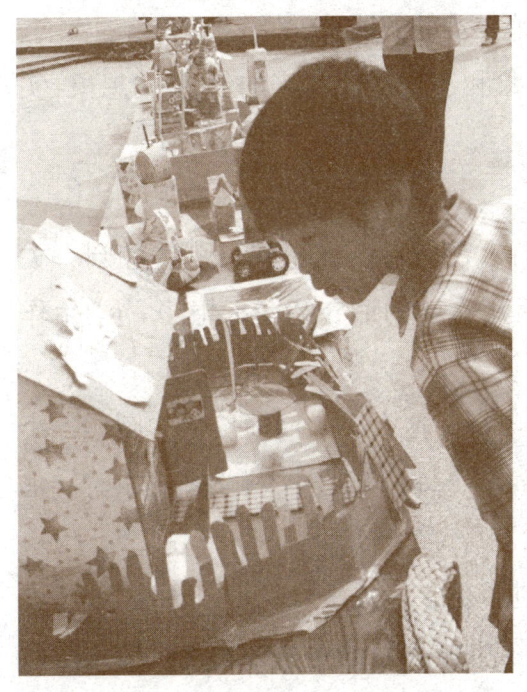

2. 活动目的

通过对事物的想象,学习科学家大胆想象,发明创造的故事以及自己动手实践创造,激发学生爱科学、学科学的兴趣,开发学生的智力,使学生在活动中领悟只有丰富的想象与不断努力实践相结合才能有创造。

3. 活动准备

（1）课前每组做好1至2个小制作。

（2）排练诗朗诵、小品。

（3）比赛用的材料(一般是废弃物，如牙膏盒、牙签、泡沫塑料等)。

（4）挑选男女两个主持人。

4.活动过程

主持人上场。

乙：同学们，我们人类从亿万年前站起来走路，创造了语言和工具到今天在宇宙中任意遨游，这是多么漫长啊!

甲：在这漫长的历程中，是无数的科学家和普通人用他们的智慧和双手发明创造，推动了人类的发展、科学的进步。人类还要发展、科学还要进步，靠谁？

乙：靠我们这些21世纪的主人。

甲：靠什么

乙：靠我们丰富的想象和不怕困难的实践。

合：从现在起，我们要把想象和实践变成将来的创造!"想象+实践＝创造"主题班会现在开始!

看图画想象画。

甲：看，这是什么?(一个圆)，看到它，你想到了哪些和圆有关的东西?请大家把它画下来，然后用自己的话介绍一下想法。(学生作画，交流)

甲：我发现大家的想象都很丰富，这么一个简简单单的圆形，小朋友能把它想成许多物品，真不简单，你们知道吗?科学家们小时候也喜欢想象，喜欢思考，瞧他们来了。

小品：《爱思考的牛顿和爱迪生》。

甲：同学们刚才你们都看到了牛顿和爱迪生从小就喜欢提一些稀

奇古怪的问题，做些奇怪的事情，可是他们这种不管在哪里，在干什么，都会动脑思考什么都去试一试的精神，才促使他们在以后的科学研究中找到了许多奥秘。同学们，你们也能和科学家那样，在平时多观察、多思考、多提问、多想象，还要多动手试一试，那一定会有收获的！

看录像：《飞行器原发展史》。

乙：早在几百年前就有人梦想着能像小鸟一样在空中自由地飞翔，他们敢想敢做，把想象运用到实践中，终于把人类带上了天空，实现了梦想……(播放录像)

甲：同学们，你们看我们人类有多聪明，没有翅膀却飞上了天空，这里有许多科学家的功劳，是他们把想象变成了现实，我们也不要忘记他们所付出的血汗，他们经历了无数次的失败，但"永不放弃"的念头一直支持着他们最终取得成功。

展示学生作品。

乙：在我们班里，也有许多同学在科技制作中有着不怕困难、永不放弃的精神，下面请大家拿出自己的小制作，对自己的作品作一介绍。(学生交流)

甲：看来同学们的本领还真不小，不但会想象，还会自己动手制作，这就是实践。我们知道这些同学做小制作时花了许多时间和心血，但只要坚持，不怕失败，多动脑、多动手，一定也能象科学家那样尝到成功的喜悦，希望其他同学能向他们学习，希望大家都能成为爱科学的好学生!

诗朗诵《我们爱科学》。

女：我们爱科学，

爱科学使我们变得越聪明;

男：我们爱科学;

爱科学使我们变成小精灵;

女：我们爱科学，

再高的山峰我们敢攀登;

男：我们爱科学;

再难的宫殿我们敢探寻。

女：让我们用智慧的头脑，

男：让我们用科技的本领，

合：勇挑新时代的重任，去创造更加美好的明天!

奇思妙想比赛。

甲：下面给大家一次发挥想象、动手实践的机会，我们来进行一项比赛好不好?题目是"奇思妙想比赛"，每个组的桌上有一个盒子，里面装了一些废弃物品，看哪个组发挥想象，能将这些物品拼成一件有趣的作品。(各组交流作品)

甲：大家看，同学们通过共同努力通过想象和实践创造出的作品多有趣啊，大家只要在平时多注意观察、思考、动手实践，以后还能创造出更有趣的作品来。

乙：比赛虽然结束了，但我们的想象和实践才刚刚开始，我们要象科学家那样不但敢想更要敢做，希望在将来为科学多创作、多发明，成为一个有用的人！让我们一起来唱一首儿歌来结束这一次的活动。

儿歌《我有两件宝》
我有两件宝，双手和大脑。
双手会劳动，大脑思考。
动手不动脑，啥也学不好。
动脑不动手，本领学不牢。
动手又动脑，才能有创造。
创造靠劳动，全用手和脑。

合："想象+实践＝创造"主题班会到此结束！

5.活动反思

本次班会针对小学中高年级儿童的年龄特点，活动采用了诗歌朗诵、故事传诵和歌曲相结合的形式。形式的多样化和新颖化，既满足了学生求新、求异的心理要求，又使活动气氛在严肃中不失活泼。整台活动都由学生自己主持、表演，而且参与面非常广。在朗诵诗歌中，同学们感受到科学创造的重要性；在故事叙述中，他们为科学家献身而为之敬仰；在活动最后，全班齐声背诵儿歌，表现了学生对探求科学的极大热情。不足之处，同学们的小发明、小创造比较常见，没有新意，但我们相信，只能此类活动能够坚持下去，今后，同学们就一定能够在科学方面作出自己的贡献。

"我们爱科学"主题班会活动方案

1. 活动背景

科学富有革命性的力量,是一切社会变革的根源。科学的发展,改变着我们的物质生活,开阔了我们的视野,解放了我们的思想,变革了人们的精神。它已广泛地渗透到经济、社会、政治、外交、军事、教育、艺术等各个领域,成为人类活动日益重要的基础。因此,学习科学对我们的未来发展起到了不可忽视的作用。开展"爱科学,学科学"的活动,不仅能够丰富学生的知识,开发他们的智力,培养他们的科学兴趣,而且对他们的成长也极为有利。

2. 活动目的

(1) 开阔学生的视野,丰富学生科普知识。

(2) 了解古今的科技发展历史,赞颂科技人才,激发学生学科学、爱科学的兴趣。

（3）激发学生的求知欲和对科学技术的热爱之情。

（4）通过实际操作，培养创新意识，提高技能素质。

3.活动准备

（1）多媒体课件、主持人讲稿（辅助主持人讲解），设计班会流程。

（2）收集有关古今科技方面的资料。

（3）编排节目。

（4）挑选男女两个主持人。

4.活动过程

老师和主持人上场。

老师：同学们，今天我们在这里召开一节以"我们爱科学"为主题的班会。老师委托甲、乙两位同学来主持，大家欢迎！

甲：在世界科技的舞台上，

乙：中华，我们的祖国啊，

合：曾经是一颗明亮的星座。

甲：中华民族有五千年的光辉历史。

乙：中华民族有五千年的伟大成就。

甲：我们伟大的人民，用勤劳和汗水凝结成累累硕果，

合：留下了一笔笔光辉灿烂的科技发明。

（多媒体介绍中国古代科技）

甲：四大发明的光芒，让人仰视它古老的璀璨，

乙：五千年的文明积累，形成了中华的科技传统。

甲：只有努力学习，

乙：只有学到本领。

甲：中华历史就能延伸。

乙：祖国未来就有希望！

甲：历史的车轮载着古老而又年轻的中国驶进了21世纪。

乙：今天我们生活在一个科学技术飞速发展的时代。

甲：人类的很多幻想已经变成现实。

乙：科学技术的圣火在古老的星上熊熊燃烧。

甲：它给人们生活带来了前所未有的快捷和幸福。

乙：下面我们班的小科学迷为大家介绍一下当今的科学成就。

（介绍现代科学成就）

甲：科学技术的发展真是越来越快。

乙：技术的成果应用到生产的过程也越来越短。

甲：21世纪是一个信息时代，电子计算机将走进千家万户。

乙：21世纪是一个生命科学的时代，生物科学的发展将产生巨大的经济效益。

甲：21世纪是人类向宇宙进军的时代。人类在继登上月球之后，有望登上火星。

甲：到2004年，地球上的人将会在晴朗的夜空中看一个亮点，

乙：它的亮度仅次于月球和金星。

甲：这个神奇的亮点是什么呢？

（介绍国际空间站）

甲：科技为人类插上了翅膀。

乙：在浩瀚的宇宙中自由飞翔。

甲：科学技术是第一生产力。

乙：科技人才更是这力量的源泉。

甲：纵观古今中外，是无数的科学技术人才为科技的发展做出了巨大的贡献，立下了汗马功劳。

乙：在我们祖国科技的群星谱上，就有着许多闪耀的明星。

甲：下面让我们听一听关于著名科学家茅以升的故事吧。

（讲述《科学家茅以升的故事》）

乙：科学家们取得的成就令巨人瞩目。

甲：他们为祖国争得了荣誉。

乙：他们为人类的进步做出了贡献。

甲：一个成功的启示告诉我们：

合：如果在少年时代掌握科学技术，将来就能为祖国做出贡献。

甲：请听故事《小小发明家》

（故事《小小发明家》）

老师：同学们，自古英雄出少年，从小立下雄心志，将来才有大作为。那么老师想问问你们，要想将来在科学技术方面有所作为，最重要的是具有什么品质？

学生：创造的品质。

老师：对，那么同学们想不想知道，你们现在的创造品质怎么样呀？好，老师给大家出几道题，我们一起来测一测。请大家准备好笔和纸，每道题认为符合自己情况的就答"是"，不符合的就答"否"。

（出示测试题）

老师：答"是"的可得2分，答"否"的不记分。请大家计算一下，你一共得了多少分？

（出示测评标准）

甲：下面请我班科技小组的同学为大家做几个科学实验。

（科学小实验3个）

乙：时代的变迁，科技的发展，把我们带进了网络时代，联盟的人们把一台台独立的电脑哺乳起来，构成了一个全球性的网络，这就是国际互联网，又叫因特网。

甲：有了这个网络，不仅通讯传递方便了，而且可以享受丰富的信息资源。

乙：下面请我们班"小网虫"周同学，谈一谈上网的体会。

（谈体会，介绍网站）

甲：最后请"三模活动小组"的同学向大家展示一下活动成果。

（三模展示）

甲：科技的种子埋在心灵深处，

乙：科技的花蕾绽放时代的希望。

甲：今天我们还是小小雏鹰，稚嫩的翅膀需要科学技术来锻炼。

乙：明天，我们放飞理想，开创21世纪的美好未来。

甲：让我们从小树立热爱科学的思想，

乙：让我们从小培养勇于创新的精神。

甲：立志摘下科学明珠，

乙：把祖国未来亲手开创，

合：做祖国未来的主人！

（舞蹈：《走向新世纪》）

甲：下面请班主任老师做总结。

老师：同学们，今天的班会开得很成功！同学们以回顾祖国科技历史，赞颂科技人才为主线，以学科学、爱科学、实际操作为主要内容，通过学习、实践，了解了科技知识，增强了创新意识，提高了技能素质。最后，老师希望同学们今后更加勤奋学习，勇于实践，大胆创新，扇动雏鹰奋勇的翅膀，飞上科学的蓝天，共创一片绚丽的辉煌！

5.活动反思

此次班会是由两位学生当主持人，整个过程都是由学生主导的，并全程参与的。执行过程基本上是按照原计划进行的。活动的情况及班会过程中的气氛都不错，同学们都能踊跃参加此次的班会。

不足的是在过程中，主持人进行得比较快，学生自由发言时间少，互动不充足，所以最后还剩下一点时间。不过整体效果都还不错。

通过此次的班会活动，是希望学生在以后的学习生活中，无论事情大小，都能用科学的眼光去看待生活中的各种现象，能用科学的方法，培养自己良好的科学行为习惯。同时，也通过此次班会，培养学生独立自主的能力及学习探究科学的精神。

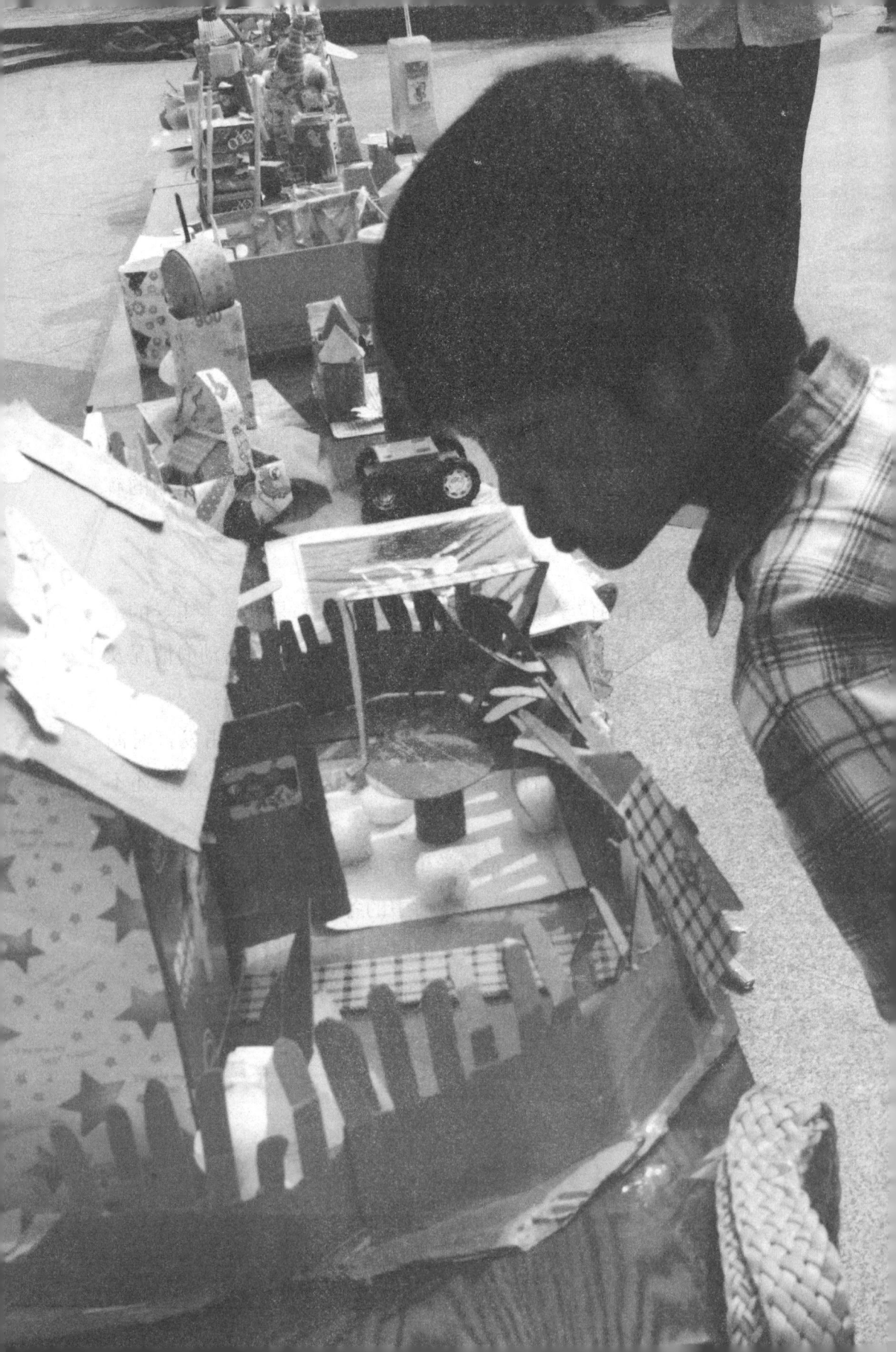

NO5. 校园勤劳环保教育主题活动指导

学生劳动观念的培养指导

如果问:"劳动光荣吗?"相信很多教师都会说:"劳动光荣。"劳动的作用是什么?恩格斯早就说过:"劳动创造了人类。"劳动是人类生存的最基本活动,它既创造了社会财富,又为社会发展奠定了坚实的基础。每个人都必须从事一定的劳动并在其间发挥自己的创造性,才能立足于社会。所以现在世界各国的初等教育都比较重视劳动教育课,但是劳动教育在我们的实际生活中又怎样的呢?

在我们的周围不难发现,很多孩子都不喜欢劳动甚至不会劳动。

在班主任工作中,每天放学后的值日情况笔者都要在旁监督或者督促,经常会发现所谓的完成值日后,教室里仍然不干净,现在的孩子连最基本的生活技能也不会,他们长大了怎么立足于社会?孩子们为什么如此不愿意劳动?

认识劳动重要性

1.劳动是人类生存和发展的基本条件

当今社会是一个竞争更趋激烈的时代,联合国教科文组织在对数十个国家的教育进行考察后郑重提出了"生存教育",这表明一个人如果没有较高的劳动素质,一定的自理能力、动手能力和创新能力,就不能适应现代社会的要求,将会被社会无情的淘汰。

2.对孩子的成长有着不可忽视的作用

劳动是德、智、体、美、劳全面发展的一条重要途径,手脑并用的劳动训练是发展思维的良好手段,是促进智力发展的实践活动。在劳动中不仅能使学生理解生活的意义,而且能认识自己的力量和才能,珍惜因劳动得到的荣誉,产生自尊感和尊严感。孩子通过自我服务劳动和家务劳动,美化了自己的学习生活环境,从而体会到劳动带来的乐趣。

开展劳动教育

1.思想上树立正确的劳动观念

劳动有体力和脑力劳动之分,培养正确的劳动观念特指培养重视和热爱体力劳动并形成相应观念的教育,让青少年对体力劳动有一个正确的态度和认识。体力劳动是人类社会活动的基础,是社会进步和发展的前提条件。离开了体力劳动,脑力劳动就无法与客观世界结合,就无法改造世界,没有体力劳动,人类就无法生存。

体力劳动与脑力劳动只是分工不同,不存在高低贵贱之分。我们要让学生懂得,没有劳动就没有我们人类的今天。人民的生活所需,哪一样不是劳动创造的？要让学生明白，劳动者最光荣。劳动没有贵贱之分，只有分工不同，每一个劳动者都应受到尊重。

2.学习提升学生对劳动的感情

营造和谐的家庭氛围，注意身教重于言教。孩子劳动意识的培养关键在于教育者对劳动的观念如何。家庭是第一个课堂，父母则是孩子的第一位老师，父母对孩子的教育是至关重要的。家长必须意识到劳动对孩子成长的重要性。研究表明，早期的经验会影响其一生，一个生活在和谐、热爱劳动、崇尚劳动的家庭氛围中的孩子，在平时的生活中自然也会受到潜移默化的影响，自觉地以父母的行为做榜样，同时应多让孩子做些力所能及的劳动，不断增强子女的劳动意识，树立正确的劳动观。

学校采取措施，重视提高劳动素质。学校的职责不仅仅是教学生们知识，从小培养孩子的热爱劳动的意识也是学校义不容辞的责任。学校是个育人的大集体，而班级是这个育人大集体中的一个小集合体。班级教育是学校教育的基本单位，班主任是在班级教学的基础上，结合学生学习、生活的实际情况开展有针对性的道德、励志、理想前途教育和人格培养，所以班主任要发挥自己学校德育教育的重要作用。

开设劳动技能科目

效仿国外在中小学教育课程中开始家务课，并用事实说话，切实加强学生的劳动观念，培养学生生活的技能，提高学生的素质，为学生今后生活打下基础，为日后成为社会人做准备。

记得日本国家教育孩子有句名言：除了空气和阳光是大自然的赐予，其余一切都要通过劳动才能获得，劳动意识和劳动能力是一个人最为宝贵的素质。劳动教育并不过时，让我们把劳动教育进行到底，让孩子们体验劳动的艰辛，劳动的快乐。

学生热爱劳动的品质培养

热爱劳动，戒奢尚俭是一种民族精神，是华夏人民经过上下五千年所得出的真知灼见，是炎黄子孙最引为自豪的优良传统。"八荣八耻"中也强调了：以艰苦奋斗为荣，以好逸恶劳为耻。我们更应响应号召，发扬勤俭节约的美德。

坚持把德育放在首位

成才先成人，这已成为学校、家庭、社会的共识。因此我们教育必须坚持把德育放在首位，就是坚持思想教育，重视政治思想和品德

的培养,在学校的各项工作中渗透德育,我们做到教书育人、管理育人、服务育人。

坚持勤俭节约热爱劳动

把"勤俭节约、热爱劳动"落实到学生日常行为规范上,通过组织学生参与"学会做人"行动的系列活动,以"请把我关紧,别让我流泪"、"监护水源,保护水源就是保护生命"、"随手关灯省一度电,少一份污染"、"节用电器,为减缓地球暖化出一把力"、"珍惜纸张,就是珍惜森林与河流"等适用小学生的公民环保公约,使学生得到打动身心的教育。

以实例促学生思想发展

通过讲解领袖等革命事迹如:毛泽东做为国家主要领导人他一生粗茶淡饭,睡硬板床,穿粗布衣,生活极为简朴,一件睡衣竟然补了73次、穿了20年。经济困难时期,他自己主动减薪、降低生活标准,不吃鱼肉、水果。上世纪60年代,有一次他召开会议到中午还没有结束,他留大家吃午饭,餐桌上一大盆肉丸熬白菜、几小碟咸菜,主食是烧饼。

伟人在勤俭节约方面为国人做出了表率。周总理也这样做出要求:"一切招待必须是国货必须节约朴素,切忌铺张华丽、有失革命精神和艰苦奋斗的作风"。当时,国人都把勤俭节约作为做人和干事业的行为准则,自力更生、艰苦奋斗。然而随着我国国力的增强和生活的改善,有些人把勤俭节约的优良传统丢了。

当前社会上有超越现实、盲目攀比的畸形消费;斗富摆阔、一掷千金的奢靡消费;过度包装、极度美化的蓄意浪费;"长明灯"、"长流水"的随意浪费等现象更是比比皆是、不胜枚举。在这种情况下,我们应该时刻保持自己清醒的头脑,不去盲目跟风,做出超出我们经济能力的各种消费。要知道:由俭入奢易,由奢返俭难。如果我

们养成了这种铺张浪费的习惯，即便是有金山银山，也满足不了我们日益增长的需求。大手大脚的花钱，对于各种劳动的逃避，非但不是一个人所谓"个性"、"能力"的象征，更是一种让我们值得为此感到羞耻的不良行为。

让学生在劳动实践中培养习惯

1.教育学生自己能做的事情自己做

家长、老师应要求和指导孩子从小学会料理自己的生活，如叠被、钉扣子、整理书包等。孩子开始做这些事情时，难免不像样，家长、老师不能讥笑讽刺，更不能责骂，否则就会刺伤孩子的自尊心，打击孩子参与劳动的积极性，从而诱发厌恶劳动的心理。

2.教育学生帮助父母做家务

家长应及时安排孩子做一些适合其能力的家务劳动。如吃饭时排筷子、端饭菜、洗碗、扫地倒垃圾、购物等。不论事情的大小轻重，每一件家务事尽可能都让孩子参与，每一件家务事都让孩子试一试。这样，孩子不但会提高做家务事的动手能力，而且更重要的是会逐步增强家庭责任感——我是家庭的一员，家庭中的事我有责任承担。

3.教育学生集体的事情抢着做

家长、老师应支持鼓励孩子参加学校和社会的公益劳动，如打扫教室和校园、植树种花以及各种社会公益服务劳动。这是培养孩子集体观念和社会责任感的重要途径。在这方面，家长首先要纠正一种错误观念：认为孩子只要学习好就行了，多做集体的事是吃亏的。家长应该懂得这样道理：你的孩子为集体为社会服务得多，得到集体和社会的回报也会多，因为一个人在集体和社会中的地位决定于你对集体和社会的贡献大小。

崇尚热爱劳动，戒奢尚俭，有利于我们提高自身的修养。艰苦朴素、勤俭节约可以磨练意志，陶冶情操，增强人的责任感、进取心。

学生热爱劳动教育主题活动

"劳动光荣"主题班会活动方案

1.活动背景

小学学生生活自理能力比较差,根本谈不上什么劳动技能。尤其是现在这些孩子,独生子女比较多,几个家长照顾一个孩子,孩子更是什么活都不用干。记得有个儿童教育专家说现在的孩子能力极度欠缺,摔一跤都不会用手扶一下地,直接让脸着地。现在的孩子之

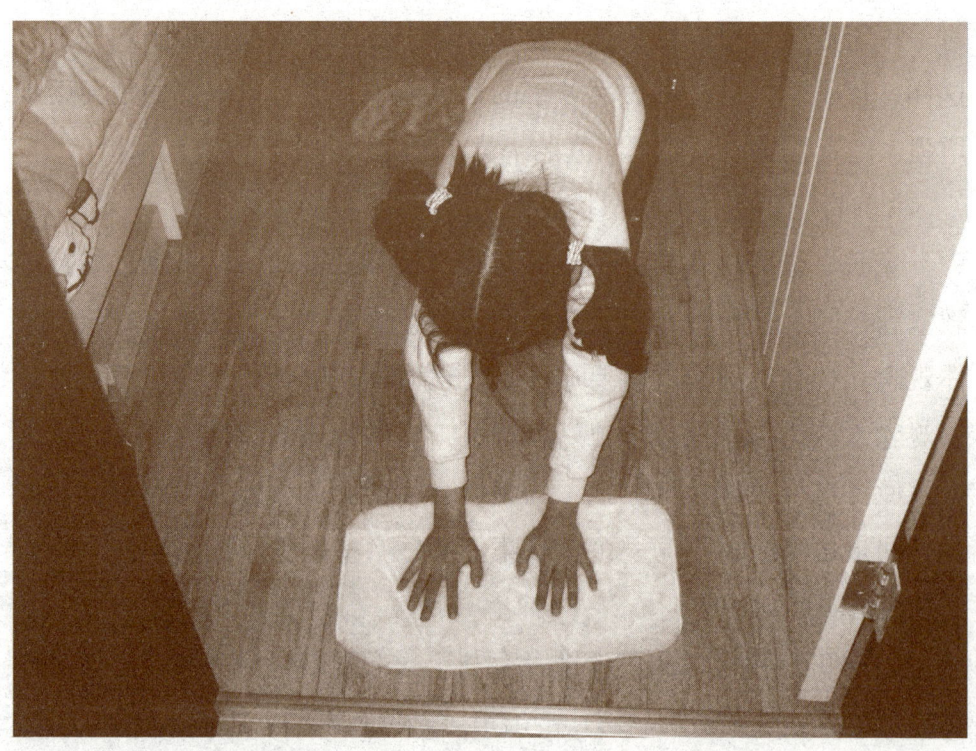

所以会这样，就是什么都不干，既不动手又不动脑的结果。因此，在"五一"劳动节之际，安排了这次班级活动。

2.活动目的

（1）教育学生树立"劳动最光荣"的意识。

（2）通过本次活动，让学生初步认识劳动是光荣的，不劳动是可耻的。

（3）通过展示自己的劳动才能，品味劳动的愉悦感、自豪感。

3.活动准备

（1）学生和家长一起如实填写学生平时劳动情况调查表。

（2）观察、收集身边辛勤劳动的典型人物和事例。

（3）每个人选自己认为做得好的一种劳动（如穿衣、系鞋带、整理书包、扫地等），并在家练习，提高劳动技能。

（4）教师准备两个录象片段和部分图片。

4.活动过程

认识劳动的重要意义。

导语：许多人十几岁就考上了大学，你羡慕他们吗？你相当这样的天才少年吗？让我们一起来看看这些天才少年的生活吧！

播放视频资料：许多成功考入少年科技大学的学生并没有取得预期的成功，许多人头顶天才的光环在鲜花和掌声中风光无限地入校，入校之后却黯然失色，甚至被劝退。

你们知道是为什么吗？（让学生猜测原因：吸毒、打架……）

主持人：他们不成功的真正原因，是生活完全不能自理，连鞋带都不会系，衣服也不会洗，他的宿舍里到处都是脏衣服，他们根本无法独立生活。许多学生让家长陪读当他们的保姆。

听了这些天才少年的故事，你有什么感受？

学生：我们应该热爱劳动，自己的事情自己做。

学生：我们不能衣来伸手，饭来张口，应该学会劳动，能够自己独立生活。

……

你希望自己什么活都不干，将来也成为这样的天才少年吗？

学生：我不想这样。

学生：光学习好还不行，还要会劳动，自己会照顾自己，学会独立。

5.劳动体验

主持人：你平时会做哪些劳动？（学生发言）

主持人：同学们最拿手的劳动本领是什么？谁最心灵手巧？让我们来个劳动技能大比拼，看看谁最棒！

拿出事先准备好的劳动工具。

学生选择自己最拿手的劳动技能：如擦窗、刷洗杯子、缝沙包、钉扣子、洗手绢、叠衣服等，向大家展示，每组限时3～5分钟。

展示成果，学生互评，评选"小巧手"。

交流劳动感受。

学生：把活儿干好不容易，我还要好好学习。

学生：劳动使我心灵手巧，劳动创造了价值。

学生：我被评为"小巧手"，我真高兴。劳动最快乐，劳动最光荣。

……

教师小结：我们的社会需要劳动，劳动为我们创造了舒适的环境，劳动保障了我们的衣食住行，劳动使我们增长了智慧，劳动使我们心灵手巧，劳动推动了人类社会的发展，劳动让我们受益终生。不劳动，就不能创造社会价值。不劳动的人生，是没有价值的人生。

6.发出号召

主持人：大家今后有什么计划，和同学们交流交流吧！

学生分组交流，然后各组选代表全班交流。

老师发出号召：在家做个爱劳动的好孩子。学习独立生活的能力，做到生活自理，自己的事情自己做，不要事事都依赖家长；在校做个爱劳动的好学生，做一个德、智、体、美、劳全面发展的优秀人才。

7.拓展活动

（1）每天都在家帮父母做一件力所能及的家务劳动，坚持自己的事情自己做，并且把这个习惯保持下去。

（2）每周开展一次劳动表现评比，评选优秀值日生。全体同学合唱《劳动最光荣》，活动结束。

8.活动效果评价：

（1）学生积极参与活动，发言踊跃，气氛活跃。

（2）学生们知道了劳动的重要意义，乐于参与劳动。

（3）小组活动更有秩序了，争当小组代表更积极了。

（4）班级工作开始抢着干了，也会干了。从一开始连地都不会扫，到现在不用老师指导也能把教室整理得整整齐齐。

（5）许多家长反映学生在家不仅能够主动承担简单的家务，还主动帮家长洗脚、梳头、捶背、剪指甲……变得懂事了。

9.活动反思

学生们的许多劳动技能还需要慢慢学习，像钉扣子，虽然钉上了，可是布被线揪得皱巴巴的；擦窗玻璃，看起来擦完比不擦还脏；洗个小手绢，洗衣粉大把大把地用，盆子里的泡沫都流出来了；洗个杯子，失手掉地下好几次，瓷都磕掉好几块，要是玻璃或是瓷器的早粉身碎骨了。

虽然没有期望学生凭借一次活动就心灵手巧，但是这么差的动手能力还是让人意外。所以，这次活动安排得很有意义。只有让学生树立"劳动最光荣"的意识，让他们乐于参与劳动，才能真正有效地锻炼他们的动手能力，我们的教育目的才能达到。

"爱劳动"主题班会活动方案

1.活动背景

现在的孩子如同天使般可爱，他们无忧无虑的背后，很多也一定有如公主般幸福的环境，他们大多数习惯了衣来伸手，饭来张口的生活，事实证明，大多数的孩子没有劳动的意识，面对这样的现状，学校特地举行"爱劳动"主题班会活动，以此活动培养学生热爱劳动的优良品质。

2.活动目的

（1）使学生进一步明确什么是公益劳动，怎样正确对待公益劳动，从而进一步培养学生为人民服务、热爱公益事业、团结协作、乐于助人的思想品质。

（2）使学生进一步明确一切的劳动成果都是来之不易的，从而培养学生养成珍惜劳动成果的行为习惯，并体现在日常生活中。

3.活动准备

（1）全班准备歌曲《咱们工人有力量》。

（2）四位学生准备小品。

（3）一学生准备名人故事。

（4）一学生准备诗歌朗诵。

（5）五学生准备小品。

（6）准备拼字游戏。

（7）主持人小结。

（8）班长准备倡议书。

（9）二位同学协助"爱公益劳动惜劳动成果"的签名活动

4.活动过程

达·芬奇曾经说过："劳动一日可得一天的安眠，劳动一世可得幸福的长眠。"的确，只有亲自参加劳动的人，才能尊重劳动人民，才会懂得珍惜别人的劳动成果，才会懂得幸福的生活要靠劳动来创造。劳动是我们中华民族的传统美德。我们二十一世纪的中学生就更应该热爱公益劳动，珍惜劳动成果。那么，我们应该怎样热爱公益劳动，珍惜劳动成果呢？"五一"是国际劳动节，那让我们为这个全世界劳动人民的节日唱出劳动的赞歌吧。

全班齐声合唱革命歌曲《劳动最光荣》。

主持人点拨：歌声唱出了热情，歌声唱出了力量。那么，我们之中又有多少人知道什么是公益劳动呢？

小品表演：请同学表演小品《一件小事》。

主持人点拨：确实，在我们之中还有些同学对公益劳动的认识还是不够的：

五彩校园文化艺术活动丛书

　　像小品中的小良同学因为怕苦、怕累、怕脏，怕给人笑话、看着处在危险中的盲人也不敢或者说不愿意去做。这一点又说明了什么呢？请学生讨论、发言。

　　学生讲话助人为乐的故事：请同学讲《毛泽东助人为乐的故事》。

　　主持人点拨，以上的故事告诉我们，就连我们的伟大领袖毛泽东同志也从小就养成了热爱公益劳动，乐于助人的好习惯，我们作为二十一世纪的新时代的学生，是不是更应该热爱公益劳动，珍惜劳动成果呢？我们应该怎么做呢？我们班也有些同学平时也很热爱公益劳动，珍惜劳动成果。

　　表扬部分同学。

　　献给劳动者一首诗歌。

请同学配乐诗朗诵我国著名诗人艾青的诗歌《给乌兰诺娃》。

小品表演：请同学表演小品《粒粒皆辛苦》。

主持人点拨：一粒饭，掉了真的不算什么吗？劳动成果真的是随手可得吗？学生讨论、发言。指出部分同学不尊重父母、老师、同学等等的劳动成果的坏习惯，要求同学们改正。

拼字游戏：分组参与拼"劳动光荣，懒惰可耻"游戏，看谁拼得快。

班长宣读"热爱公益劳动，珍惜劳动成果"的倡议书

倡议同学们：从现在做起，从身边做起，从小事做起，把热爱公益劳动、珍惜劳动成果的行为习惯体现在日常的生活中吧！

签名活动：举行"热爱公益劳动，珍惜劳动成果"的签名活动。

5.活动反思

本次活动通过讲故事、表演文艺节目，让同学们明白了"劳动光荣，懒惰可耻，劳动是每一位有劳动能力的公民的职责"的道理，同时也让孩子们懂得了一切劳动都是艰苦的，只有尝到劳动的艰辛，才能懂得珍惜劳动成果。活动举行的很圆满，但也有缺憾，那就是没有让孩子们亲自体验一下劳动的艰辛，希望下次活动能够增加此项内容。

环境教育的内涵和模式

环境教育的内涵

环境教育是以人类与环境的关系为核心，以解决环境问题和实现可持续发展为目的，以提高人们的环境意识和有效参与能力、普及环境保护知识与技能、培养环境保护人才为任务，以教育为手段而展开的一种社会实践活动过程。简而言之，环境教育就是以人类与环境的关系为核心而进行的一种教育活动。环境问题是由于人口增长、现代

科技和现代生产力迅猛发展所产生的问题。因此，人类对生存环境恶化的担忧导致了环境教育的应运而生，其原始的动机还是来自于人类对自身生命的关爱和珍惜。

环境教育的模式

目前，公认的环境教育课程模式主要有两类，一类是多学科模式，也称渗透式模式，即将环境教育内容渗透到各门学科之中，通过各门学科课程化整为零地实施环境教育，还有一类是跨学科模式，又称单一学科课程模式，即从各学科中选取有关环境科学的概念、内容合为一体，组成一门独立课程。这样设置课程，能够一定程度弥补多学科课程模式中内容零散、缺乏系统的不足，使教育更富针对性与系统性，也利于课程的综合评价。

环境教育的提出与发展

随着经济社会的发展，人类的生产能力不断提高，规模不断扩大，致使许多自然资源被过度利用，生态环境日益恶化。面对全球日益严重的环境问题，国际社会达成了共识：通过宣传和教育，提高人们的环境意识，是保护和改善环境重要的治本措施。1972年斯德哥尔摩人类环境会议是全球环境教育运动的发端，会议强调要利用跨学科的方式，在各级正规和非正规教育中、在校内和校外教育中进行环境教育。随后环境教育开始体现在各国政府工作中，并逐渐形成全球性的环境教育行动。

1977年，联合国教科文组织和联合国环境规划署在前苏联的第比利斯召开了政府间环境教育会议。基于世界环境教育发展的趋势，联合国教科文组织在1997年召开了一次世界环境教育培训大会，总结成绩，根据需要确定优先发展的教育领域和教育对策，并在此基础上，制定了21世纪第一个十年的环境教育与培训行动计划。

环境环保教育的主要特点

环境教育具有全民性、终身性、全球性和学际性等特点。

全民性

环境教育，从对象上看，是全民教育，具有全民性的特点。因为环境质量的优劣和每一个人的生产活动、生活活动息息相关，没有全民的关心、参与和身体力行，困扰人们的环境问题就难以解决。环境教育应该渗透到人类生活的各种领域：家庭、学校、厂矿、企事业单位等。总之，凡是有人群的地方就应该有环境教育。

终身性

环境教育，从时间上看，是终身教育，具有终身性的特点。环境教育的终身性决定它应该是从摇篮到坟墓的教育，应该渗透到人生的各个阶段：婴幼儿、青少年、壮年、老年。

全球性

环境教育，从空间上看，是全世界各个国家和地区都在进行的教育，具有全球性的特点。环境问题是一个全球性互相影响的问题，二氧化碳排放量的增加，不管来自北美、欧洲或亚洲，在地球周围积存构成的温室效应将影响整个地球。虽然这些环境问题发生在某个国家或地区，但其灾难性后果必将是全球性的。地球只有一个，必须共同关心和爱护人类共同的家园——地球。因为人们已进入了人类进化的全球性阶段，每个人显然地有两个国家，一个是自己的祖国，另一个是地球这个行星。

学际性

环境教育，从内容上看，是各个学科协同进行的综合教育，具有学际性的特点。环境教育的学际性特点是由环境问题的广泛性和综合性特点决定的。环境问题的解决，必须依靠多学科的通力合作才行。所以，环境教育决非某一学科的任务，而是所有学科的共同任务。它不仅包括自然科学各个学科，而且还包括技术科学、数学科学、哲学和社会科学的各个学科。只有这些学科通力协作，环境教育才能取得更好的效果。

学生热爱环境教育主题活动

"保护环境,从我做起"主题班会活动方案

1.活动背景

现在社会的环境表面上看起来改善了,但其中存在许多问题。如:路面打扫天天进行,出动的人力也很多,但保持的不好,说明人们的意识不到位;树木植的很多,但遭破坏的也多,尤其是开花的花草树木;废水不让随便排放,交由污水处理厂处理,但污水真正经处

理的不多，大多企业或生活废水直接排放到河流中，河水污染，气味难闻；废气污染也相当严重。鉴于这些情况，结合6月5日世界环境日开展本次环保主题班会。

2.活动目的

通过本次活动，激发学生热爱环境的情感，培养学生保护环境的自我意识；同时，希望同学们能用自己的环保行动影响身边的每一个人，让全社会的人都来保护环境。

3.活动准备

图片、多媒体课件。环保公益广告语设计、小品。

4.活动过程

主持人：同学们，当今社会提倡绿色、健康、和谐，作为祖国的新一代，我们有义务行动起来，为环境保护尽一份自己的责任。《保护环境，从我做起》主题班会活动现在开始。

主持人介绍6月5日世界环境日：1972年6月5日，是一个值得纪念的日子。这一天，在瑞典首都斯德哥尔摩召开了联合国人类环境会议，各国政府的代表第一次坐在一起讨论全球性的环境问题，发表了人类划时代的历史性文件《人类环境宣言》。这是人类环境保护史上的一个里程碑。1972年10月，在第27届联合国大会上，决定设立联合国环境规划署，并确定每年的6月5日为"世界环境日"。联合国环境署每年都确定"世界环境日"的主题。"世界环境日"活动是人类广泛进行自我教育一种好形式。

过渡语：优美舒适的环境人人向往，请欣赏图片。（出示图片）

放起柔美、抒情的音乐和优美、迷人的风景图片。

主持人：我们生活的环境多么优美，我们的地球多么绿色、和谐，生活在这片美丽的土地上，我们多么幸福啊！

刚才画面上的场景大家向往吗？

过渡语：如果环境遭破坏，又会是什么样子？请欣赏图片。

放起悲伤的音乐，出示环境被污染的图片

主持人：配合图片做简单介绍。

欣赏完这两组图片，大家有什么感想？生活中你见过这样的事情吗？我们又如何来做呢？

学生积极表达自己的意见和见解。

主持人：环境优美，万物生长就有生命力，人们的心情就会很好。如果环境被污染破坏，那么人们就会很苦恼难受，生产生活都会受到影响。同学们，我们只有一个地球，作为祖国未来的接班人，我们有责任去保护它，大家想不想成为环保小卫士？但成为"环保小卫士"也不是一件简单的事。将由老师对大家进行一系列的考验，分别要"过三关，领证书"。如果"三关"顺利通过，就会得到老师颁发的"环保卫士"证书，同学们有信心拿到吗？下边，闯关开始。

第一关："环保知识知多少"：（屏幕出示）

规则：全班分三组进行比赛，两轮闯关，每轮五道题，如果本组中一个人没有回答正确，其它组员可以补充回答，也算过关。

第二关：倡议环保。

要求：通过表演节目来倡议环保。

第一个节目：快板——《谈环保》

第二个节目：相声——《讲文明、树新风》

主持人：这两个节目都揭露了社会中破坏环境的不文明现象，其实这些现象我们身边也有，如：大街上、校园里人们随便吐痰；废纸、塑料袋随意丢弃等等（DV播放）。对于这些现象我们应该怎么办？

主持人：宣布第二关通过。前面两关同学们都顺利通过了，看来同学们对环保意识相当强了，但那都是"纸上谈兵"，其实，第三关才是真正对同学们的考验。

第三关：环保实践。

主持人：大家在环境保护方面都做过哪些事情？说说看。

先举起制作的手工品，让全班同学看到；然后进行小组展评，评出最佳的3—4件作品到讲台上展示，讲出制作材料、用途等等。

主持人：同学们的环保行动真是棒极了，那么"环保卫士"的证书非你们莫属了！（颁发给学生，班长上台领）

环保是一项持久战，需要我们长久来保持。那么对于我们少先队员来说，力所能及的事情是什么？

学生自由发言。

老师适时补充：弯腰拣起地上的一片纸、一个塑料袋、一个饮料瓶；爱护花草树木，给花草树木浇水；悄悄擦去墙壁的灰尘等等。也可以设计一些环保广告语，提醒大家注意。

学生：3至5人读环保标语，然后分组举起环保广告语，让其它同学和老师欣赏。

要求：

（1）课后给自己设计的环保广告"安家"，找一个合适的地方贴上去，提醒大家注意。

（2）希望每个同学走上街头，自觉当好环保小卫士，制止一些不文明行为。

5.活动反思

活动虽然结束，但我们的环保行动不能结束。因为环保不是一天两天的事，也不是仅靠我们一批小学生就能做好的事，需要全社会你、我、他共同来参与。需要全社会的人都来保护我们美丽的地球村，让我们祖国的天更蓝，水更清，草更绿，人更美。让我们齐唱《手拉手，地球村》，希望"环保的行动"遍布世界的每个角落。

"让我们一起保护环境"主题班会活动方案

1.活动背景

在这几年，人类不断的乱砍乱伐，破坏生态平衡，使地球形成了温室效应，一些物种迅速的减少，有些甚至灭亡。可是绝大多数人还不知悔改，继续破坏。终有一天，人类会像恐龙一样，随着地球生态的灭亡而灭亡。因此，特地组织举行这次"让我们一起保护环境"的主题班会，动员同学们一起行动起来，共同来保护这个属于大家的地球。

2.活动目的

（1）通过活动，让学生了解当前的环境状况；

（2）让学生在生活中能养成环保的习惯，具备环保的意识；让学生真正明确环境保护的重要性，感受人地协调必要性。

3.活动准备

让学生通过报刊、杂志、Internet等多种途径，了解我国当前的环境污染状况。。

4.活动过程

环保是一个热门的话题，也是一个迫在眉睫的话题。说起环保，我们的许多同学都有这样的想法：环保是环保部门的事，和我们无关；环保就是治理"三废"……其实，环保是地球村上的每个公民的事，也是每个必尽的义务之一。

我们面临的环境问题有哪些？（先让学生讨论他们所知

道的环境问题有哪些）

（1）环境污染。读图片及阅读材料，指导学生了解环境污染的各种表现及产生原因，请学生分别举出生活中的相应例子。使学生认识到环境污染的严重性、环境污染对人类生存和发展的危害，明确目前环境污染无处不在的危机现状。

（2）土地荒漠化。由北京曾多次出现沙尘天气，引出由于人类不合理的活动和气候变化等原因，造成土地退化的现象。读图片及材料，了解土地荒漠化的主要表现和原因。

（3）生态系统破坏。读图片及阅读材料，知道由于人类不合理的砍伐、耕作，使森林减少，生物物种灭绝，植被受到破坏，生态环境恶化。请学生举出生活中人类破坏生态系统的行为。教师总结归纳：地球生物圈是全人类赖以生存和发展的共同家园，世界是一个不可分割的整体，空间上的距离和国家的边界对环境灾难是没有约束力的。环境问题没有国界，是全球性问题，各国的环境问题可以相互影响、相互作用。

面对这些问题，我们应该如何做？（让学生讨论，得出结论）

第一，节约用水。水是生命之源，人类的文明之舟自古依水而行。人类对水的依赖，就像婴儿之于乳汁。河流被称为大地的动脉，湖泊被誉为大地的明珠。河流和湖泊提供了丰富的淡水资源，塑造了富饶的冲积平原，滋润了土地，哺育了人民，成为人类文明发展的摇篮。我们每天节约一滴水，就为地球添加了一分绿色。我们可以做到的：洗脸洗脚的时间养成使用脸盆的习惯；一水多用。用洗脸水洗脚水来拖地板、擦洗物品等；随手关紧水龙头。

第二，节约用电。在我国，火力发电占了我国总发电量的比重还比较大，需要耗费大量的煤、石油、天然气等大量不可再生资源。节约用电，就是节约能源。我们每天能做的有：随手关闭教室和宿舍内的灯，做到人走灯灭；每天少看一分钟的电视等。

第三，少使用塑料制品。现在我们使用的塑料包装袋，大部分是用不可降解的聚乙烯生产的，这些包装物被抛弃到大自然后，会对环境形成"白色污染"。我们每天能做到的有：尽量使用垃圾桶盛装垃圾而不使用塑料袋；不使用不可降解的快餐盒；不随手乱扔塑料包装物；尽量购买用纸包装的物品；不使用彩色塑料包装纸包装生日礼物等。

第四，不使用一次性筷子。我们每天使用的一次筷子，都是用竹子或树木做成的，我们每扔掉一双筷子，就是扔掉一片森林。在我们的日常生活中，尽量使用金属饭勺或非一次性筷子吃饭，而不使用一次性木筷。

第五，拒绝使用含汞的干电池。在我们平时使用的干电池中，含有对环境及健康有很大威胁的汞，一次性电池中往往含有大量的汞，而可充电干电池中汞的含相对较低或不含汞。在我们的日常生活中应注意：不使用含汞的干电池，尽量使用可充电电池；不要随手丢弃用过的废电池，最好能将用过的电池集中起来，交到学校旧电池回收箱，送到处理厂。

第六，保护校园内的花草树木。校园内的花草树木，除

具有美化环境的作用，还有净化空气、吸收噪音、灰尘的作用。保护花草树木，也是保护环境。我们可以做到：不要随意践踏草坪；不攀摘花果；按时给花草浇水。

第七，节约粮食。粮食的生产过程，需要消耗大量的光、热、水、肥资源，节约粮食，就是节约资源，就是环保。

5.活动反思

通过这次主题班会，使孩子们知道了在日常生活中哪些行为有利于环保，怎样做才环保，相信通过这次活动，孩子们在环境保护上都会有更深的认识，并会做出一些他们认为有意义的事情。在今后的工作中，教师还应该继续把环保知识渗透到孩子的日常生活中，让孩子从小树立环保意识，养成好习惯，为我们的生活环境做出些贡献。只要大家都来关心环境，注重环保，那么每一个人都能为环保贡献出自己的力量。

图书在版编目（CIP）数据

校园主题类活动指导手册 / 朱垚编著． -- 长春：吉林出版集团有限责任公司，2013.11（2020.11重印）
ISBN 978-7-5534-3313-4

Ⅰ．①校… Ⅱ．①朱… Ⅲ．①课外活动－青年读物 ②课外活动－少年读物 Ⅳ．①G632.428-49

中国版本图书馆CIP数据核字(2013)第227129号

校园主题类活动指导手册

朱　垚　编著

出 版 人：齐　郁
责任编辑：孙　婷
封面设计：大华文苑（北京）图书有限公司
版式设计：大华文苑（北京）图书有限公司
法律顾问：刘　畅
出　　版：吉林出版集团股份有限公司
发　　行：吉林出版集团青少年书刊发行有限公司
地　　址：长春市福祉大路5788号
邮政编码：130118
电　　话：0431-81629800
传　　真：0431-81629812
印　　刷：北京兴星伟业印刷有限公司
版　　次：2013年11月　第1版
印　　次：2020年11月　第3次印刷
字　　数：158千字
开　　本：710mm×1000mm　1/16
印　　张：12
书　　号：ISBN 978-7-5534-3313-4
定　　价：35.00元

版权所有　翻印必究